Escribe el guion
DE LA VIDA
QUE QUIERES

T0282739

"Con una dicción tanto perceptiva como desafectada, Royce nos lleva paso a paso en su propio fascinante viaje, desarmando este método único, basado en la ciencia, para crear magia cotidiana en tu propia vida".

MELISSA JO PELTIER, CO-CREADORA
DE LA SERIE DE TELEVISIÓN *DOG WHISPERER*

Escribe el guion de la vida que quieres representa un enorme paso hacia la manifestación de una hermosa travesía de tu vida. Las palabras tienen un gran poder. *Escribe el guion de la vida que quieres* te ayudará a cambiar tu manera de pensar y de hablar y, en el proceso, toda tu vida. Este libro constituye el primer paso para escribir una hermosa historia de vida ¡viviéndola y amándola!".

BRIAN BALTHAZAR, ANIMADOR DE TELEVISIÓN,
EXCOPRODUCTOR EJECUTIVO DE *THE VIEW*

"Todos sabemos lo que hay que hacer todos los días para establecer metas. Este libro, con todo el ánimo y entusiasmo que Royce nos transmite, realmente te motiva a hacerlo. Royce dio en el clavo al explicar cómo podemos perseguir lo que queremos en la vida sin rigidez, logrando que la vida que se adecúe a nuestra voluntad. Simplemente se trata de permitir que nuestra mente creativa haga el trabajo por nosotros cuando soñamos con la vida que queremos, y esto puede lograrse con sencillos y entretenidos ejercicios de escritura. Este libro es espiritual de la mejor manera, porque está lleno de consejos y de las mejores intenciones provenientes de lo más profundo del espíritu humano".

JEN KIRKMAN, COMEDIANTE Y AUTORA DEL *BEST SELLER* DEL
NEW YORK TIMES *I CAN BARELY TAKE CARE OF MYSELF*

"Escribe el guion de la vida que quieres es un libro irresistible para lograr la manifestación de tus sueños. Royce es un guía comprometido, entretenido y motivador que te ayuda a ir desde donde estás hacia donde quieres estar".

JOEL FOTINOS, COAUTOR DE
PIENSE Y HÁGASE RICO

"Royce ha logrado lo imposible: ha escrito un manual de instrucciones que es imposible dejar de leer. Es fascinante, conmovedor, interesante y, a menudo, muy gracioso. Ah, y si no te interesan las manifestaciones o crees que lo de la ley de la atracción no tiene sentido, pero te ganó la curiosidad, este libro es para ti. De alguna manera Royce ha logrado hacer que nos identifiquemos con la travesía, haciendo que esta nos parezca posible y, me atrevería a decir, práctica. Sin importar en qué creas, disfrutarás de sus interesantes historias y de la forma en que las cuenta y, quién sabe, tal vez tu deseo se haga realidad en el proceso".

ORFEH, CANTANTE, COMPOSITORA Y ESTRELLA NOMINADA
AL TONY POR EL MUSICAL DE BROADWAY *LEGALLY BLONDE*

"Royce ilustra los revolucionarios conceptos relativos a la manifestación y a la ley de la atracción en una obra maestra, sencilla y elegante, que le ofrece al lector una herramienta simple para manifestar sus deseos en realidad. Realmente magnífico".

AMY WAUCHOPE, CREADORA
DEL CANAL DE YOUTUBE STARSEED 11:11

"Este libro es un recurso invaluable para los soñadores de todas partes del mundo. Royce le ofrece al lector una verdadera guía paso a paso para manifestar sus metas en realidades. Este libro ayudará a la gente a vivir sus vidas a plenitud".

TOM D'ANGORA, NOMINADO TRES VECES AL DRAMA DESK Y
GANADOR DEL PREMIO OFF-BROADWAY ALLIANCE AWARD.
PRODUCTOR DE CINE Y TEATRO DE NUEVA YORK

"Lo quiero. Lo creo. Lo haré suceder. Las sencillas técnicas de Royce te ayudarán a ser el héroe de tu propia historia por el resto de tu vida. Maravillosamente reafirmante y precisamente lo que el mundo necesita."

EMMA KENNEDY, ACTRIZ GALARDONADA,
ESCRITORA Y AUTORA DE *THE THINGS WE LEFT UNSAID*

Escribe el guion
DE LA VIDA
QUE QUIERES

Manifiesta tus sueños
con tan solo lápiz y papel

—————⟫●⟪—————

ROYCE CHRISTYN

TRADUCCIÓN POR ADRIANA ÁLVAREZ

Inner Traditions en Español
Rochester, Vermont

Inner Traditions en Español
One Park Street
Rochester, Vermont 05767
www.InnerTraditions.com

Papel certificado por la SFI

Inner Traditions en Español es una división de Inner Traditions International

Titulo original: *Scripting the Life You Want: Manifest Your Dreams with Just Pen and Paper*, publicado por Inner Traditions, sección de Inner Traditions International.

ISBN 978-1-64411-549-7 (impreso)
ISBN 978-1-64411-550-3 (libro electrónico)

Impreso y encuadernado en Estados Unidos por Lake Book Manufacturing.
El material de este texto está certificado por la SFI.
El programa Sustainable Forestry Initative ® promueve la gestión forestal sostenible.

10   9   8   7   6   5   4   3   2   1

Diseño del texto por Virginia Scott Bowman y maquetación por Mantura Kabchi. Este libro se ha transcrito en Garamond Premier Pro y Avenir con Harmon como fuente de visualización.

Debido a que los hipervínculos no siempre son viables, las direcciones URL no aparecen en los recursos, notas o entradas bibliográficas. En su lugar, se suministran los nombres de los sitios web donde puede encontrarse la información.

Para enviar correspondencia al autor de este libro, envíe una carta de primera categoría al autor dirigida al autor c/o Inner Traditions • Bear & Company, One Park Street, Rochester, VT 05767, y le remitiremos la comunicación, o póngase en contacto con el autor directamente a través de **roycechristyn.com**.

En primer lugar, les dedico este libro a todas las poderosas e increíbles mujeres del mundo. Independientemente de si hemos tenido una larga relación (como mi madre, Neva; mis hermanas Kira, Nancy y Tiffany; mi suegra, Jane Hemus; mis tres mejores amigas Sara Galliano, la Dra. Dena Grayson y Kirsten Godshalk; mis abuelas Helen y Catherine; y mis extraordinarias tías Carol, Denise, Stephanie, Sharon y Betty) o si me han inspirado significativamente (como Lynn Grabhorn, Ellen DeGeneres, Oprah Winfrey, Ana Frank, Gayle King, Hillary Clinton, Esther Hicks, Eileen Caddy, Madonna y la increíble Mel Robbins). El mundo es un mejor lugar gracias a su sabiduría, poder y contribuciones. Es a través de su inspiración y ejemplo que he logrado ser quien soy hoy. Les estaré eternamente agradecido a cada una de ustedes, además de las cientos de mujeres que no nombré y las millones que todavía me quedan por conocer.

En segundo lugar, le dedico este libro al amor de mi vida, Solly Hemus, y a ti, lector, quien, tal como mi heroína Lynn Grabhorn escribió una vez: "Por fin... quizá... posiblemente... creas que tienes derecho a la felicidad perpetua, empezando hoy mismo".

Índice

Prólogo
El poder de un simple ejercicio   ix
por Mitch Horowitz

Introducción
Tenías razón   1

Capítulo uno
Disculpa, tu vida te está esperando   8

Capítulo dos
Milagros aterradores   18

Capítulo tres
Paso uno: escribe tu lista diaria de deseos   29

Capítulo cuatro
Paso dos: escribe tu guion diario   52

Capítulo cinco
Paso tres: el poderoso guion de los diez días   60

Capítulo seis
¿Por qué esto funciona?   75

Capítulo siete
Seleccionando el nexo o cómo salirse
de la simulación por 0 $ 101

Capítulo ocho
Juntando todas las piezas   141

Capítulo nueve
La espada de la escritura de guiones   160

Capítulo diez
Creador del vértice   174

———◦———

Agradecimientos   198

Notas   200

Índice analítico   206

Prólogo

El poder de un simple ejercicio

Mitch Horowitz

POR AÑOS ME HA FASCINADO un pequeño panfleto de la década de 1920, llamado *Esto funciona*. Tal vez lo conozcas; el autor, quien simplemente se identificó como R. H. J. (era un ejecutivo de ventas de Chicago de nombre Roy Herbert Jarrett), prescribía el siguiente proceso para obtener las cosas que quisieras en la vida: 1.- escribe tus deseos, 2.- piensa constantemente en tu lista y 3.- quédate callado, no le digas a nadie lo que estás haciendo. Luego, agradece cuando tus deseos se cumplan.

Me encuentro entre las generaciones de lectores que pensaban que el panfleto de 28 páginas de Roy era demasiado bueno como para ser verdad, excepto por un hecho un tanto pesado: sí es verdad. Durante años he escrito sobre Roy, sus métodos y la razón por la cual funcionan o parecen funcionar. Nunca habían sido igualados, hasta ahora.

Royce Christyn, actor, escritor, director y alguien en constante búsqueda de lo metafísico, un día me dio un ejercicio que fue lo suficientemente insólito y atractivo como para intentarlo. Nunca me imaginé lo mucho que el ejercicio de Roy significaría para mí, y lo rápido que sentiría su efectividad.

Sucedió así: Royce y su pareja, Solly, me obsequiaron un paseo de un día a Disneylandia. Yo nunca había visitado Magic Kingdom y quería aprovechar al máximo las pocas horas con las que contábamos, ya que tenía que regresar a Los Ángeles esa misma noche. Era un caluroso día de otoño y el lugar estaba completamente lleno, hombro con hombro. Aun así, logramos hacer las filas en tiempo récord, subirnos a una popular atracción dos veces y recorrer el parque hasta el punto de ver y hacer todo lo que queríamos. A las cinco de la tarde ya estábamos de regreso. Fue raro, improbable y completamente real, ya que tenemos fotos que lo demuestran.

Durante ese viaje relámpago, Royce me describió un método que consistía en "escribir el guion" de nuestro día, lo cual él y Solly hacían. Lo encontré similar al punto de vista de Roy Jarrett en su simplicidad, pero lo que Royce describía era más vívido, puntual y detallado y, sobre todo, efectivo. Más que efectivo, asombroso.

Como descubrirás en este poderoso y conciso libro, el método de guion de Royce consiste en escribir tu día ideal a primera hora de la mañana, como si ya hubiese ocurrido. Luego, esa noche antes de dormir, escribes tu día una vez más, tal como lo viviste. Con el tiempo, la congruencia entre ambos escenarios surgirá. Esa ha sido mi experiencia: estridente, maravillosa, productiva y sorprendente. Como podrás ver en este libro, Royce también muestra una manera de escribir guiones más a largo plazo.

Poco después de nuestro viaje a Disney, Royce me envió dos páginas del diario de Solly que hablaban sobre el día que pasamos juntos: la versión idealizada la escribió al amanecer y la versión forense la escribió esa noche, tras lo sucedido en el día. Permíteme decírtelo de la manera más sencilla posible: a excepción de un detalle respecto a un obsequio que les compré en el parque, ambos fragmentos podrían intercambiarse. Improbable y real.

He sido criticado por exponer cierta posición respecto al nuevo pensamiento, pero la repetiré aquí porque viene del corazón y te ayudará a entender mi entusiasmo por el método de Royce. En las entrevistas estoy abierto a casi cualquier pregunta, nada queda por fuera. Sin embargo, hay una pregunta que siempre me cuesta: "¿Qué nuevas voces del nuevo pensamiento te emocionan?". Mi respuesta: "Casi ninguna". Existen demasiadas voces metafísicas, tanto famosas como desconocidas, que ofrecen catecismo, vaguedad y refritos de viejas ideas. Quiero rezar fervientemente, no ser el curador de un museo.

Pero el método de Royce es fresco, emocionante y viable. Es extremadamente simple, de una manera casi inconcebible, y sus resultados son extraordinarios. Para darte solo un ejemplo personal: se acercaba la fecha de entrega de un artículo que debía escribir para una importante revista nacional, pero no había siquiera comenzado a escribirlo y no sabía cómo. Estaba bloqueado. Las horas corrían. Empleé el ejercicio de hacer un guion y en día y medio escribí un sólido artículo que fue del agrado de mis editores. Esas cosas no pasan así, pero eso pasó.

He reflexionado sobre lo anterior en conexión con el trabajo de Roy Jarrett y ahora el de Royce, ¿cómo es que algo tan simple funciona? Creo que parte de la respuesta es que ciertos ejercicios nos hacen seleccionar ideas y posibilidades en nuestras mentes de una manera muy concreta. Eso nos saca de nuestros pensamientos habituales y sueños inactivos y hacen que nuestras energías mentales se enlisten y se enfoquen de una manera que rara vez empleamos. En realidad, el método de Royce *corta* con los sueños inactivos o las fantasías debido a su ventana de tiempo fija: cuando piensas solamente en las doce horas que siguen, te obligas a funcionar dentro del marco de tus circunstancias y posibilidades actuales. No puedes escribir algo muy descabellado, no te puedes poner en otros continentes, en otra categoría tributaria o con gente que caiga ante tus pies. Sin embargo, la naturaleza metódica de este ejercicio puede servirte para expandir y construir tus circunstancias potenciales. Su ejercicio más largo, que comprende diez días, te ayudará a extender tus fronteras poco a poco.

Existe un realismo firme del alcance de Royce, y algo más. En mis años de búsqueda y como escritor dentro del nuevo pensamiento, he llegado a sentir que no manifestamos sucesos. En vez de eso, creo que entre las cambiantes leyes y fuerzas bajo las cuales debemos vivir, somos capaces, a través de la perspectiva, el enfoque, imágenes mentales y pensamientos emocionalizados, de *seleccionar* eventos de un campo o infinitud no lineal. Desarrollo esa teoría en mi libro *The Miracle Club*, pero no me enfrascaré en eso aquí. Es suficiente decir que ciertos ejercicios hechos y practicados cuidadosamente nos ayudan a entrar a ese campo de selección. Algunos ejercicios sirven más que otros, empleando y comprometiendo a nuestras psiques de maneras más productivas. Desde mi punto de vista, lo que estás por experimentar es uno de esos métodos extraños y notablemente efectivos que te ayudará a impulsar tus fuerzas mentales y emocionales para obtener máxima potencia y resultados.

El nuevo pensamiento, como suelo decir, es una filosofía de resultados o no es nada. Para permanecer vivo, vibrante y generativo, el nuevo pensamiento debe identificar métodos que sean persuasivos, accionables y posibles dentro del marco de las demandantes vidas de las personas. El método de Royce es uno de ellos. Además, simplemente es la técnica más fresca, más poderosa y persuasiva con la que me he encontrado desde aquel panfleto llamado *Esto funciona*. Es la respuesta de nuestra generación a la siguiente, que con todo derecho preguntará: "¿Qué hicieron para avanzar?". Esto es lo que hicimos: leer el libro de Royce y ponerlo en práctica.

MITCH HOROWITZ es un historiador, veterano ejecutivo de publicaciones y líder comentarista del Nuevo Pensamiento, ganador del premio PEN, con publicaciones en *The New York Times, Time, Politico, Salon* y *The Wall Street Journal,* y apariciones en programas de televisión como *Dateline NBC, CBS Sunday Morning, All Things Considered* y *Coast to Coast AM.* Es autor de varios libros, incluyendo *Occult America, One Simple Idea* y *The Miracle Club.* Vive en la ciudad de Nueva York.

Introducción

Tenías razón

Grande es la recompensa de aquellos que ayudan y dan sin pensar en sí mismos, ya que es imposible obtener algo siendo egoísta.

R. H. J., *It Works*

HABLEMOS SIN RODEOS: tienes en tus manos los ingredientes, la receta y el libro de cocina que cambiará tu vida para mejor y para siempre. Escribir guiones es una de las herramientas más poderosas que cualquier ser humano moderno puede tener en su arsenal. Ya seas ama de casa, CEO de una empresa, estudiante, o que no hayas decidido todavía qué quieres ser de mayor, lo que estás a punto de aprender a hacer cambiará tu vida. A mi realmente me asustó cuando, tras años de ensayo y error, al fin logré entender cómo escribir un guion de la manera adecuada. Es fácil, divertido y muy sencillo.

Tampoco voy a mentirte: escribir un guion puede usarse para cosas buenas y también para cosas malas. Puede emplearse como una gran herramienta de vida para lograr metas, recibir dinero, viajar, encontrar pareja u obtener cualquier otra cosa que quieras. Espero que para cuando este libro termine, utilices esta herramienta para algo bueno. Sin embargo, al final depende de ti y de tu ética y moral escoger lo que vas a crear en tu realidad. Como podrás darte cuenta, mi buen amigo Mitch Horowitz escribió el guion del libro que ahora tienes en tus manos y lo convirtió en realidad. Todo lo que se necesita es un lápiz o pluma y un cuaderno barato o un diario. O bien tu computador portátil o teléfono celular. Al igual que un encendedor o un fósforo, escribir guiones es una herramienta económica que tiene el potencial de generar un cambio masivo. Con un fósforo puedes encender tanto una vela como una fogata o una efigie estilo Burning Man. El poder siempre yacerá en la manera en que *emplees* las herramientas, cualesquiera que estas sean.

Quizá ya conozcas el término. Para mí, *escribir guiones* suena tan vago como *cocinar:* hasta que sé qué tipo de comida se está cocinando, cómo se está cocinando y quién la está cocinando; la palabra en sí significa muy poco. La primera vez que leí sobre escribir guiones, esencialmente implicaba hablar en voz alta como un loco por más o menos diez minutos. La idea, como más comúnmente se presentaba, era fingir que le hablabas o le escribías a una vieja amistad, como si uno de tus grandes sueños se hubiese vuelto realidad. Por ejemplo, las instrucciones que leí por primera vez en 2003 sobre escribir guiones decían que, ya que tenía que hablar conmigo mismo, necesitaba encontrar un lugar donde otros no me vieran como si estuviera loco (por ejemplo, mi auto), y que tenía que escoger un gran deseo en el cual enfocarme. Después, decían que tenía que comenzar a hablar sobre lo grandiosa que era la vida ahora que mi deseo o sueño se había vuelto realidad. Básicamente, si fingías que ya se había cumplido tu deseo y hablabas sobre lo grandioso que era todo, eso pasaría.

Digamos que quieres ser presidente de los Estados Unidos. Si fueses a utilizar la escritura de guiones tal como se solía enseñar, primero tenías que subir a tu auto o ir a una habitación tranquila de tu casa. Luego, fingías hablar por teléfono con un amigo y, con todos esos sentimientos positivos y esa emoción dentro de ti, comenzabas a "escribir el guion" de una situación como la siguiente:

¡Vaya! ¡Qué ceremonia de inauguración tan increíble! El día entero fue un torbellino; fue maravilloso. Me encantó la ensalada que sirvieron en el baile. Tenía un aderezo preparado por el chef de la Casa Blanca, la

*vinagreta más deliciosa que he probado en mi vida. Todavía no puedo
creer que todos los días me levanto para ir a trabajar a la Oficina Oval.
¡Es simplemente increíble!*

Otras variantes de la idea de escribir guiones son simplemente
regurgitaciones de lo anterior: indican que, en vez de decirlo en voz alta,
hay que escribir un deseo como si ya se hubiese cumplido. Siempre te
dicen que debes sentir cada cosa que escribes como si ya hubiese pasado:
saborear cada palabra, oler los olores. ¡SENTIRLO! La idea original de
escribir guiones tiene un gran fundamento que puede considerarse como
una visualización "en voz alta" o por escrito de tus grandes sueños.

Pero en última instancia, al igual que otras técnicas de visualización, este método de escritura de guiones no es tan efectivo. Como
muchas de las herramientas y ejercicios respaldados por maestros bien
intencionados de autoayuda o del nuevo pensamiento, este método
pone a mucha gente en un peor estado mental que antes, o los deja en
extremo frustrados. El problema es que, como con muchos métodos
que claman ayudarnos a tener la vida de nuestros sueños, pedirle crear
un "nuevo guion de vida" a una persona que ya contempla que la realidad de los deseos todavía no está frente a ella es *demasiado*. Se siente
extraño subirse a tu auto usado que aparcaste frente al apartamento
que compartes con otras cinco personas, para "hablar por teléfono"
sobre el avión privado que acabas de comprar. Al igual que no es realista estar en la casa que compartes con tu pareja y tus dos bebés y
escribir sobre lo maravilloso que es tu nuevo trabajo como integrante
del cuerpo de baile de Beyoncé.

Para mí, lo más frustrante es que de verdad *se pueden* tener esas
cosas. En verdad se puede ser lo que quieras ser y tener todo lo que
quieras, aunque parezca imposible. La gente más exitosa sabe que eso
es verdad. Una de las razones por las que escribí este libro es porque
soy la prueba viviente de que se puede lograr los sueños con la ayuda de
algunos maravillosos métodos o trucos, como la escritura de guiones.
También estoy cansado de la gente que enseña estas cosas sin hablar de
los *verdaderos* métodos que funcionan.

A pesar de los numerosos inconvenientes con los que me topé cuando intenté por primera vez crear un nuevo guion de vida, seguí haciéndolo porque por cada centenar de veces en las que no me funcionó, había una o dos veces en las que sí me funcionaba, y de maneras que me impresionaban. Así que sabía que *había algo allí que funcionaba*, pero existía algún problema en el método que aún no lograba descifrar. Ni siquiera buscaba el problema, pero seguía viendo que la cuota de éxito al escribir guiones era desalentadora.

A mí me funcionaba cerca del cinco por ciento de las veces, tal vez diez por ciento de las veces, siendo generoso. Pero ese pequeño porcentaje de veces en que sí funcionaba me era suficiente para seguir intentando averiguar si había alguna forma de que funcionase un cien por ciento de las veces. Sabía que había algo allí, y sin importar cuánto tratase de ignorarla, la voz que me decía *"¡Hay algo aquí, Royce!"* sonaba una y otra vez en mi mente, sin detenerse.

He aquí el otro problema con el que me topé al estudiar estas cosas: mucha gente que enseña autoayuda, nuevo pensamiento o técnicas espirituales, a menudo no tienen toda la información, mienten, omiten instrucciones sumamente importantes, simplifican demasiado, subestiman a su audiencia base, intentan ganar una audiencia muy grande, o sencillamente se empeñan en reinventar esa pobre piedra angular del nuevo pensamiento y del pensamiento positivo, tanto así que la convierten en una montaña de polvo. Lo otro es que muchos maestros temen hablar de cómo esa cosa de crear la vida como de verdad quieres que sea de verdad funciona... si es que saben cómo funciona. O si consideran hablar al respecto, se les ridiculiza, o temen que se les ridiculice.

No estoy menospreciando a los maestros del nuevo pensamiento; cualquiera que tenga la suficiente valentía para salir a la esfera pública a enseñar esas cosas tiene mi respeto. Algunos maestros ni siquiera saben que mienten o que omiten algunos pasos clave de ciertos métodos. ¿Por qué? *Porque lo que sea que estén enseñando se ha repetido de la fuente original en TANTOS LIBROS durante los últimos cien años o más que los nuevos maestros ni siquiera saben que están mintiendo por omisión*. Esto se debe a que, en algún punto, se omitieron pasos clave, y después muchos autores y maestros bien intencionados repitieron el método (o herramienta) de llenar los espacios en blanco con los pasos que faltaban. No es un secreto, sino una pila de viejos descubrimientos e ideas que se reempacan como "nuevas" u "ocultas" con pasos que faltan. He visto que mucha gente teme meterse a las trincheras, ensuciarse las manos y poner a prueba estos métodos. Yo no opero de esa forma.

Me tomó casi cuatro años luego del día que leí por primera vez sobre escribir guiones, en 2003, para descifrar la clave. Implicó trabajar en ello casi todos los días durante esos cuatro años, desechar lo que no servía, conservar lo que sí, desmantelar el método y reconstruirlo desde las bases hasta averiguar lo que sí funcionaba: construir una nueva rueda en lugar de tratar de reinventar la que ya existía. Fui y soy extremadamente afortunado porque fui criado en una familia que desde temprana edad me enseñó sobre el pensamiento positivo, el nuevo pensamiento y principios de autoayuda. Mi método único de escritura de guiones no es la única herramienta que tengo bajo la manga, pero es tan importante para crear lo que sea que quiera en la vida como lo es una base firme para construir una casa.

Tenía diecinueve años cuando llegué a la receta ganadora de la escritura de guiones. Gracias a que mi madre y mi abuela me criaron enseñándome estas cosas y ya estaba familiarizado con muchas de ellas, siempre me fue fácil aprender o crear una nueva manera de utilizar alguna técnica del nuevo pensamiento. Así que, para mí, el hecho de que me tomara cuatro años completos descifrar la escritura de guiones era inusual. Sin embargo, la recompensa valió y continúa valiendo la pena. He aquí las buenas noticias sobre mi método:

- No requiere que hables contigo mismo en voz alta como un loco o que escribas largas historias sobre cosas que parezcan imposibles para ti.
- Es extremadamente flexible y fácil de aprender.
- Funciona y funciona rápido.

Originalmente llegué a este método de escritura de guiones por razones egoístas: quería, con todas mis fuerzas, obtener un papel en cierto programa de televisión. Sucede que encontré el método adecuado de escritura de guiones unas semanas antes de que se llevara a cabo la audición para dicho papel, y mi método funcionó, y funcionó para muchas otras cosas más.

¿Acaso soy un psicópata que te dirá que escribir guiones curará tus enfermedades y que no vayas al médico? No. *Ve al médico.* ¿Estoy loco y te diré que las personas que no escribieron guiones o pensaron positivamente, murieron en una catástrofe horrible o en un desastre? No. Toda esa palabrería es basura, y odio cuando los "maestros" culpan a las víctimas.

¿Me he tropezado, me he equivocado, y he dejado de practicar la escritura de guiones en cierto punto de mi vida a partir de mis diecinueve años hasta hoy? SÍ. ¿Me he dado cuenta desde entonces que es una herramienta fundamental y que es estúpido de mi parte dejar de hacerlo por un largo período de tiempo? Sí. ¿He podido ver que existen MUCHAS cosas nuevas y mucho más emocionantes cuando se trata de crear y manifestar tus sueños, además de la escritura de guiones? SÍ. Pero mi amigo Mitch, quien escribió el prólogo, tenía razón al decir que yo necesitaba escribir un libro sobre la escritura de guiones.

Para adentrarnos en el futuro del nuevo pensamiento y de las manifestaciones y para crear la vida de nuestros sueños, necesitamos una base sólida. Me entusiasma hablarte sobre la escritura de guiones, lo que comprenderá el grueso de este libro. Eso se debe a que sí funciona, y mi intención es que te beneficies grandemente de saber cómo hacerlo y que lo pongas en acción. Pero también hablaremos del futuro y de cómo la tecnología de vanguardia y la ciencia apuntan a nuevas e increíbles maneras de crear nuestra realidad, y por qué estas pudiesen funcionar.

No permitas que la palabra *manifestar* te asuste. ¿Has comprado en línea? Si es así, te has manifestado. ¿Has comprado en Amazon usando su servicio Prime? ¿Puedes imaginar lo que pensarían de nuestro mundo actual los maestros originales del nuevo pensamiento, del pensamiento positivo y de la manifestación de hace cien, cincuenta o incluso quince años, si les dijeras que hoy en día puedes pensar en una taza para tomar café, poner una foto de dicha taza en una pantalla mágica (tu tableta o computador), tocar esa pantalla con tu dedo y que la taza en cuestión aparezca en tu puerta dos horas después? ¡Se volverían locos de la emoción!

Vivimos en un mundo donde la manifestación instantánea se acerca cada vez más a ser parte de nuestra realidad, si no lo es ya. Escribir guiones y todo de lo que hablaremos es tan fácil como comprar en Amazon esa taza para tomar café, o como descargar una canción, o como leer un libro.

Capítulo Uno

Disculpa,
tu vida te está esperando

Todos nos hemos sentido influenciados por uno o varios libros. En mi caso, fue un libro sobre la animación. Lo descubrí en la Biblioteca de Kansas City cuando me preparaba para hacer la animación de películas mi trabajo de vida. Encontrar ese libro fue uno de los eventos más importantes y útiles de mi vida. Sucedió en el momento justo. Es importante encontrar la situación ideal para leer una historia, un artículo o un libro.

WALT DISNEY

TODAVÍA RECUERDO EL PASEO EN AUTO durante el cual mi madre me dio el libro que cambió el curso de mi vida para siempre. De actuar junto a Selena Gomez en una comedia televisiva ganadora del Emmy, a dirigir documentales e incluso conocer a mi alma gemela, todavía me asusta, de buena manera, lo mucho que ha pasado y sigue pasando en mi vida a raíz de ese instante en el que mi madre se dio la vuelta desde el asiento delantero de la camioneta y me dio el libro que estaba leyendo porque no le había gustado mucho.

Era el verano de 2003. Yo tenía 15 años. Mi madre, mi padre, mi hermana y yo viajábamos desde nuestra casa en Marlton, Nueva Jersey, hacia la costa oriental de Virginia. Todavía recuerdo el aire de ese día y cómo iba cambiando a medida en que nos dirigíamos al sur. Cuando salimos de la casa esa mañana, el aire traía consigo un calor similar a un cuarto de vapor, en el cual podías llenar un vaso de agua sosteniéndolo en el aire el tiempo suficiente. Al alejarnos, todavía hacía calor, pero el aire se volvió más fresco. Pensábamos que llovería, pero nos sorprendió lo claro y brillante que se mantuvo el día durante el viaje; no había ni una nube en el cielo. Parecía algo hecho con computadora y no real.

Ese viaje era un ritual para nuestra familia. Era uno de esos pequeños escapes anuales que nos dábamos durante los calurosos meses de verano a la península conocida cariñosamente como "Delmarva", un reducido tramo de tierra que inicia en Delaware (*Del*), sigue hacia Maryland (*mar*) y termina en Virginia (*va*). La vasta y salada bahía de Chesapeake la separa de la tierra firme de los Estados Unidos.

De las muchas ciudades y pueblos de Delmarva, nuestra familia sentía una conexión especial con dos pequeñas islas frente a la costa atlántica: islas de Assateague y Chincoteague, que se encuentran entre Maryland y Virginia. Assateague es un rústico parque nacional donde los caballos salvajes corren libres y no habita ningún ser humano. Se conecta con la isla de Chincoteague a través de un pequeño puente, donde se halla un pueblito de Virginia que ha logrado mantenerse al día con los avances modernos y conservar el encanto de los pequeños pueblos estadounidenses de principios de siglo XX. Gente que desea visitar el paisaje virgen de la isla Assateague se hospeda en uno de los pequeños hoteles en Chincoteague.

Mi madre supo que estaba embarazada de mí mientras visitaba estas islas en el verano de 1987. Había sufrido un aborto espontáneo el verano anterior y no estaba segura de sí podría concebir de nuevo. Una de las cosas más especiales de la playa en la isla de Assateague es que puedes conducir tu camioneta en la arena que está entre el océano y la bahía. No hay tanta como se esperaría en una playa en verano y, a veces, no hay absolutamente nadie.

Mi madre estaba en la playa, observando a mi papá surfear y pescar mientras admiraba el descenso del sol. Cuando empezó a oscurecer mi madre logró ver lo que ella describe como una estrella fugaz al revés.

—¿Qué diablos es una estrella fugaz al revés? —le pregunté cuando me contó la historia de la noche en la que se enteró que estaba embarazada de mí.

—Es exactamente lo que parece —respondió—, la estrella fugaz en vez de caer del cielo y disiparse mientras se acerca a la tierra, hizo lo opuesto. La estrella, o lo que fuera, emergió del océano y se elevó en forma de arco hasta disiparse en el cielo.

(ESPERA. *Antes de que cierres este libro, debo aclarar que mi madre no cree en extraterrestres y esa no es la dirección a la que vamos, así que no te adelantes.* Esta historia es importante. Si quieres saber cómo cambiar o mejorar tu vida, viniste al lugar indicado. Aguanta y sígueme la corriente, para entrar en "modo transformador de vida" lo más rápido posible). Seguimos...

Mi madre llamó a mi padre a gritos a ver si también había visto la "estrella fugaz". Él no podía oírla sobre el ruido de las olas, así que salió del agua y fue hasta donde se encontraba mi madre agitando sus brazos. Ella le contó lo que acaba de ver y mientras hablaba con mi padre, miró hacia el lugar en el océano donde él había estado y por poco se desmaya.

Mientras el sol mostraba sus últimos rayos, mi madre vio el reflejo de una enorme aleta dorsal de tiburón y, tres metros atrás, otra más diminuta de la cola. Si no lo hubiese llamado en ese preciso momento quizás mi padre se hubiera convertido en cena del tiburón. Inmediatamente después de esos eventos, mi madre tuvo la corazonada de estar encinta. Cuando regresaron a casa, su médico le confirmó que estaba embarazada, con apenas unas tres o cuatro semanas.

Existen distintas interpretaciones de esta historia: la estrella, el tiburón, y cómo combinados resultaron que mi madre intuyera que estaba embarazada sin presentar ningún síntoma. Pero, para nuestra familia, ese fue apenas el primero de muchos eventos fortuitos que siempre acompañarían nuestros viajes a esas dos islas tan especiales.

Al acercarnos a la isla ese día tan crucial de 2003, de manera inusual, mi mente se llenó de pensamientos negativos. Estaba lidiando con los problemas típicos de un quinceañero: la noche antes de irme de vacaciones había tenido una discusión con mi mejor amiga. Fue una pelea espantosa y explosiva, de esas peleas que a veces acaban amistades por completo.

En el camino hacia las islas me sentía furioso de no saber cómo remediar la situación. Era la época en la que un mensaje de texto costaba diez centavos o más y antes de que existieran diez maneras nuevas todos los días de comunicarse. No poder arreglar el problema hasta que volviera a casa me consumía por dentro y, para completar, estaba atrapado en la camioneta con mi familia.

Odiaba discutir con mi mejor amiga. *Nunca* había ganado las discusiones con ella. Recuerdo pensar en eso una y otra vez porque, aunque el drama es típico en los adolescentes, mis amigos y yo rara vez discutíamos entre nosotros. Aparte de eso, todavía estaba en el *closet*, y me sentía ansioso por salir de él. En ese momento tenía muchas cosas guardadas por dentro. Para intentar calmarme, busqué mi reproductor portátil de CD y mis discos, y busqué alguna canción que pudiese mejorar mi humor. Justo cuando estaba sumergido en la canción "Erotica" de Madonna, la música se detuvo. Las baterías se habían agotado, y no tenía baterías de repuesto. Mi humor se tornó peor y mi madre se percató.

MADRE GENIAL... ¿LIBRO MALO?

Mi madre y yo siempre hemos estado muy conectados. A menudo, sabía que me pasaba algo antes que yo me diera cuenta. Ella supo que necesitaba algo que me hiciera sentir mejor. En ese entonces, ella estaba inscrita en un club de lectura por correspondencia que le enviaba libros todos los meses. Lo gracioso es que ella jura que nunca se inscribió en ese club. Un día los libros empezaron a llegar a nuestra casa y, como le gustaron, pagó por ellos y se quedó en el club.

Uno de los libros que mi madre había recibido una semana antes de nuestro viaje era de una autora poco conocida llamada Lynn Grabhorn. El nombre del libro era *Disculpa, tu vida te está esperando*, uno de los primeros libros modernos que habla sobre la ley de la atracción, publicado originalmente en 1999, siete años antes de que *El secreto* se convirtiera en referencia para una nueva generación. Mi madre no estaba disfrutando del libro. Ya estaba familiarizada con las ideas que presentaba la autora debido a su crianza dentro de las enseñanzas del pensamiento positivo y el nuevo pensamiento, pero pensó que ayudaría a despejarme, así que me sugirió que lo leyera.

A los diez minutos de empezar a leerlo, pregunté si alguien tenía un resaltador. Mi padre, que siempre llevaba en su camioneta una extraña colección de utensilios de escritura, me dio un resaltador amarillo. Me sentí fascinado por el libro, su contenido me puso en trance. Esta autora había escrito sobre algo que siempre quise saber: ¿cómo generar en tu vida las cosas, la gente y las circunstancias que deseas... a voluntad?

Aunque para mí ya era familiar el concepto de moldear nuestra vida, la mayoría de los libros se enfocaban en la teoría y no en la práctica. Lynn Grabhorn explicaba ambas tan fácilmente que sentí que había encontrado mi hogar dentro de un libro. Dejé de resaltar al llegar a la página 100, porque había resaltado casi todas las páginas.

¿La mejor parte? La autora no solamente hablaba del pensamiento positivo, de la visualización o de temas de autoayuda que trataban la mayoría de los libros relacionados, sino que también dejaba claro lo que Mitch Horowitz declara en muchos de sus libros: *que debes escoger una meta definitiva y estar totalmente comprometido con ella.* Las técnicas de pensamiento positivo, de visualización y de autoayuda son útiles *solo si* primero entendemos que creamos a partir de los sentimientos, las emociones y las vibraciones que emitimos al tenerlas. *Estas surgen del pensamiento y de las circunstancias, no solo del pensamiento.*

Aunque era muy joven, sabía que esas ideas tenían sentido, lo cual era más de lo que podía decir respecto a otros libros que me había leído. Devoré el libro. Leí sus 305 páginas tres veces durante esas vacaciones. Sin embargo, lo más relevante en aquel instante fue que di con la solución de mi gran crisis de adolescente: el poder remediar la discusión que había tenido con mi mejor amiga.

BUENAS VIBRACIONES

He advertido que hasta quienes afirman que todo está predestinado y que nada podemos hacer por cambiarlo miran antes de cruzar la calle.

STEPHEN HAWKING, *BLACK HOLES AND BABY UNIVERSES AND OTHER ESSAYS*

Me sentía empoderado y provisto de un arma secreta, como si me hubiesen revelado un gran secreto o dado las respuestas de un examen antes de presentarlo. Sabía que este libro sería clave para mí vida de alguna manera y tenía razón, pero nunca me imagine la magnitud de los cambios en mi vida que se dieron en el instante que mi madre me paso el libro desde su asiento. La autora exponía que la realidad externa era una manifestación, no solo de nuestros pensamientos positivos en sí, sino de las vibraciones que estos emiten. Envía buenas vibraciones y recibirás cosas buenas; envía malas vibraciones y ¿adivina qué se devuelve? Estaba provisto de una nueva una herramienta, *algo nuevo y diferente con lo cual experimentar.*

Voy a ser directo con mis colegas escépticos e investigadores: soy un investigador de corazón. No soy científico de carrera, pero la ciencia es mi pasión. Una de mis misiones de vida es mostrar la conexión siempre presente, aunque a menudo ignorada, que hay entre lo místico y la ciencia. La conexión existe, pero hay algunos matices.

Uno de ellos puede entenderse mediante la siguiente analogía: un jardinero que encuentra una semilla, la siembra en su jardín y cosecha un pepino puede escribir muchos libros sobre su experiencia trabajando en el jardín y cosechando los mejores pepinos. Esa persona no tendrá las mismas experiencias que tiene un científico que encuentra una semilla, la lleva a un laboratorio, la mira con el microscopio y escribe libros sobre los componentes químicos y estructura biológica del pepino.

Ambos podrían escribir muchos libros, pero es poco probable que se lean los libros de la otra persona. En sus mentes, sus áreas de conocimiento están delineadas. Los lectores del libro científico se reirían de los conocimientos del jardinero con sus manos en la tierra porque prefieren el libro escrito por alguien que estudió bajo el microscopio todas y cada una de las células de la semilla de pepino.

Al final, ¿qué libro escogerías tú si quisieras saber cómo cultivar pepinos en tu jardín? El jardinero podría pasar años empleando lo que algunos llamarían técnicas místicas, para aumentar sus posibilidades de obtener los mejores pepinos. Quizá les ponga música a sus plantas, quizá les hable durante la mañana tranquila. Aun así, el científico podría reírse del jardinero, porque su experimento controlado de un mes sobre el crecimiento de los pepinos no arrojó pistas de que alguna de las afirmaciones "no científicas" o poco ortodoxas fuese cierta o siquiera importase.

Por desgracia, esta brecha entre la ciencia y el nuevo pensamiento, el pensamiento positivo, las vibraciones y todas esas cosas que la gente llama "raras" o "místicas" es aún más amplia cuando se refiere a los temas que trataremos en este libro. Mitch Horowitz explica la situación en su libro *The Miracle Club*:

> Muchos de los periodistas, críticos sociales e intelectuales que analizan el pensamiento positivo, la Nueva Era y la autoayuda les gusta citar estudios cognitivos como prueba favorecedora de una idea porque dichos reportes parecen poseer el brillo de la firmeza de algo respaldado científicamente. Un caso por el estilo se presentó en 2015 con un artículo publicado en el diario de opinión en línea *Aeon*, en el cual la periodista Elizabeth Svoboda evaluó el área de la autoayuda. En su escrito "Saved by the Book", Svoboda concluyó que algunos libros de autoayuda basados en lo cognitivo son efectivos y vale la pena defenderlos, mientras que los libros de la Nueva Era y del pensamiento positivo son el producto de "vendedores ambulantes místicos" que dan mala reputación a la autoayuda.

El escrito de Svoboda ponía en evidencia dos supuestos que dificultan la discusión constructiva sobre la terapia de autoayuda en muchos medios de hoy en día. En primer lugar, la autora agrupa dos tipos diferentes de libros: trabajos metafísicos, como *El secreto* (el perenne saco de boxeo de la crítica), y libros basados en estudios clínicos como *Sentirse bien,* del Dr. David D. Burns. Aunque sus autores comparten algunas inquietudes, dichos libros tienen muy poco en común: uno representa a la teología y el otro a la terapia cognitiva[1].

El punto de Horowitz es tajante: muchos de los que desacreditan libros como el que ahora tienes en tus manos, a menudo se molestan por la "falta de ciencia". Pero tanto la ciencia como los sistemas de creencias tienen su tiempo y su lugar. Cada vez son más los puntos en los que se interceptan, como exploraremos en este libro.

No sabía de la existencia de esos debates cuando leí por primera vez *Disculpa, tu vida te está esperando.* Grabhorn me decía que las vibraciones creaban mi realidad, pero iba más allá: cuando se trata de vibraciones y, específicamente, de la idea de que el cuerpo, las emociones y los sentimientos crean ciertas vibraciones que actúan como imanes para traernos gente, eventos y circunstancias que corresponden con dichas frecuencias vibratorias, la ciencia es inestable en el mejor de los casos y, en el peor, inexistente.

Pero la razón por la que la ciencia no está presente allí es por la *falta* de *buenos* estudios. Sin embargo, sí existe una nueva ciencia increíble que trata sobre cómo creamos nuestras realidades. Como ya mencioné, soy un fanático de la ciencia y de la investigación. Lo que he descubierto en apenas un par de años es que todos, creyentes o no, han estado persiguiendo la ciencia equivocada; han estado buscando en Google lo que no es. Todos por igual.

Cuando se trata de vibraciones humanas, tenemos dos grupos de personas, ambos buscando de manera equivocada. De un lado, está un grupo de creyentes en la teoría de la conexión entre la frecuencia y la circunstancia. Su punto es que solo porque no se hayan hecho estudios (o estudios suficientes) para probar que las frecuencias generadas por las emociones y los pensamientos se correlacionan con las circunstancias de la vida real, no quiere decir que el fenómeno no sea real. El otro grupo dice que ni siquiera existe suficiente evidencia anecdótica para garantizar la fidelidad de dichos estudios en primer lugar.

Sabiendo esto, no tendrás que leer página tras página de ambos lados de la discusión para entender sus posiciones. (*Alerta de spoiler:* existe un campo de estudio científico verdadero que prueba que las emociones, sentimientos y pensamientos crean nuestra realidad. El mismo no tiene que ver con frecuencias, ni con mecánica cuántica. Es algo mucho más fácil de entender y existen estudios, libros y trabajos de investigación para comprobarlo).

UNA LANGOSTA EN UNA TIENDA DE VESTIDOS

Tanto los críticos como los creyentes han estado buscando la respuesta en el lugar equivocado por mucho tiempo. Como siempre me decía mi abuela: no conseguirás una langosta en una tienda de vestidos. Pero el hecho de que no puedas comprar langostas en una tienda de vestidos no significa que las langostas no existan. Solo significa que estas buscando en el lugar equivocado.

Debes decidir ahora si crees o no en la magia y en los milagros. Si todavía no quieres tomar esa decisión, trata de mantener tu mente abierta mientras sigues leyendo. Si tu vida ha sido desastrosa, no querrás creer en muchas cosas, y mucho menos en magia. Quizás, los milagros te pueden parecer vagos, tontos o delirantes. *Lo entiendo.* He estado en esa posición. Pero también puede ser que estés atravesando un período de desesperanza. *Y eso es normal.*

Por otro lado, pudieses estar viviendo una vida excelente y exquisita y estar listo para expandirte a las maravillas del mundo. Te sientes esperanzado y entusiasmado por el futuro, al igual que lo estoy yo. Si queremos obtener algo de la vida, necesitamos esperanza. Por eso, no prometo nada que no pueda cumplir. En realidad, se trata de ti y de si aplicas este método de cómo rescribir el guion de tu vida. Amo la ciencia, lo cual me ha sido muy útil en mi vida. Honestamente, me inclino más hacia el escepticismo. Así que te prometo que aprenderás sobre una ciencia increíble que le aportará la estructura ósea a los músculos y tejidos de este libro. La ciencia es amiga de las personas que creemos en "crear nuestra propia realidad". Contrario a lo que algunos exponen, *la ciencia no es enemiga del espíritu.*

Antes de que mi madre me diera ese libro aquel día, no tenía idea del dilema entre ciencia y espíritu, y me alegra no haberlo sabido. Estudié el libro desde todos sus ángulos durante mis vacaciones en las islas. Estaba encantado con lo que leía y ansioso por probar los métodos que sugería Grabhorn. Ella decía que podía ponerme a cargo de mis circunstancias, de tal manera que ya no sería una víctima. ¡Eso sonaba grandioso! Veinte años después, su libro sigue siendo sólido y adelantado para la época. Logra muchísimo y sigue siendo una de las contribuciones más subestimadas a la biblioteca mundial de libros sobre el nuevo pensamiento.

Capítulo dos

Milagros aterradores

*El conocimiento es como la ropa interior: es útil tenerlo,
pero no es necesario mostrarlo.*

ATRIBUÍDO A BILL MURRAY

EN ESENCIA, el libro *Disculpa, tu vida te está esperando* cubría lo que ahora llamo los puntos básicos de la manifestación. Grabhorn añadió sus propias ideas y cambios a las enseñanzas de Jerry y Esther Hicks sobre Abraham. (Si no has escuchado sobre Abraham-Hicks, sus enseñanzas son la base de casi toda la información moderna sobre crear nuestra propia realidad. Recomiendo leer sus libros y visitar el sitio web de Abraham-Hicks).

Grabhorn ofrecía algunos ejercicios interesantes en su libro, uno de los cuales trataba la escritura de guiones. Por mi parte, intenté hacer todo lo que ella sugería. Incluso, antes de regresar a casa de mis vacaciones, comencé a "extraer" de mí los mejores sentimientos que pude. No quería seguir peleado con mi mejor amiga.

Grabhorn resume el proceso de obtener lo que deseas en cuatro pasos básicos:

1. Conocer lo que no queremos.
2. Buscar lo que sí queremos.
3. Conectar con el estado sentimental que implica tener lo que queremos.
4. Permitir que lo que queremos entre a nuestra vida.

Comencé a pensar en la mejor amiga con la que había discutido e intenté sentir y pensar en todas las cosas positivas sobre ella que se me ocurrieran. Sabía lo que no quería: seguir peleados. Sabía lo que sí quería: alivio, felicidad y alegría con mi mejor amiga. Así que, de acuerdo con el libro, debía entrar en el "estado sentimental" de lo que quería, sin condiciones.

Eso facilitó las cosas. Vi todos los momentos buenos que pasé con mi amiga a través de los años como una puerta trasera hacia el "sentirme bien". Al rememorar estos recuerdos y experiencias, pude *sentir de nuevo* lo maravillosa que era nuestra amistad. Hacer el ejercicio funcionó de verdad, y me sentí muy bien.

Algo que me gustaba, incluso a mi corta edad, era que la autora no sugería que *siempre* debía fingir. De acuerdo con su libro, si me enfocaba en que la pelea con mi mejor amiga terminase y quedase atrás, mi foco estaría precisamente en dónde yo no quería que estuviese: en la pelea. Grabhorn también entendía que éramos humanos, y que fingir no siempre es fácil cuando se trata de situaciones complejas.

Es el mismo principio que estamos acostumbrados a escuchar cuando se habla de vibraciones, el pensamiento positivo, los principios del nuevo pensamiento y la ley de la atracción: el universo, Dios, o cualquier otra denominación que desees utilizar, no escucha "No quiero estar enfermo". De acuerdo con esa manera de pensar, el universo solo escucha la palabra *enfermo*. Como explica Grabhorn, eso es un resultado de nuestras vibraciones cargadas de emoción, vinculadas al "no quiero".

En otras palabras, pensamos que le decimos al Universo que queremos estar sanos al decir: "No quiero estar *enfermo*", pero observa en qué palabra nos centramos: *enfermo*. De igual forma, si decimos "quiero estar *sano*", estamos afirmando que *no estamos sanos*, porque es algo que queremos y que actualmente no tenemos.

Copiando mi ejemplo anterior: aunque yo hubiese pensado que estaba afirmando un "quiero" al decir "no quiero seguir peleado con mi mejor amiga", en realidad seguía diciéndole al universo un "no quiero" porque me enfocaba en la palabra *pelea*. En *Disculpa, tu vida te está esperando,*

Grabhorn explica que esto se debe a que nuestros pensamientos crean nuestras emociones, y nuestras emociones crean nuestros sentimientos, lo que a su vez crea vibraciones muy cargadas, bien sean positivas o negativas. Estas vibraciones van hacia el universo y regresan a nosotros como un boomerang. De acuerdo con Grabhorn, solo podemos traer a nuestra experiencia cosas que vibren en la misma frecuencia que los sentimientos y emociones que proyectamos. Lo semejante se atrae. Eso tuvo tanto sentido para mi yo de quince años, que captó mi atención. Odiaba estar peleado con mi amiga, y sabía que me estaba enfocando demasiado en eso. Sentí que el libro era una respuesta a mis plegarias.

En el libro, Grabhorn también hace referencia a un estudio[1] de científicos que buscaban la forma de tomarle una fotografía a las vibraciones del pensamiento, en un intento por comprobar que los pensamientos eran tangibles. Y no solo tuvieron éxito (a través de nada menos que placas de acero), sino que también descubrieron que mientras más cargado de emociones estuviese un pensamiento, más clara era la imagen obtenida. Grabhorn afirma:

> Pero lo que los científicos no vieron es que, debido a que las ondas vibratorias (emociones) que emanamos tienen una carga magnética, somos literalmente imanes vivientes, que de manera constante atraemos a nuestro mundo todo lo que esté en nuestra misma frecuencia o longitud de onda.
>
> Por ejemplo, cuando nos sentimos animados, alegres y agradecidos nuestras emociones emanan vibras de alta frecuencia que solo atraen cosas buenas hacia nosotros, es decir, cualquier cosa que tenga la misma frecuencia vibratoria alta que se iguale a lo que nosotros estemos emanando. Lo semejante se atrae.
>
> Por otro lado, cuando experimentamos algo contrario a la alegría, como el miedo, la preocupación, la culpa o incluso una pequeña inquietud, las emociones que emanamos son vibraciones de baja frecuencia. Y debido a que las bajas frecuencias son tan magnéticas como las altas, solo atraerán cosas no tan buenas hacia nosotros, es decir, cualquier cosa que tenga la misma baja frecuencia que nos

haga sentir (y vibrar) tan mal como aquello que estamos emanando. Si proyectamos malas vibraciones, tendremos malas vibraciones de vuelta; siempre se trata de una igualación vibratoria[2].

Me di cuenta de que, producto de la pelea con mi mejor amiga, había estado generando, durante horas, vibraciones negativas al mundo. Grabhorn me inquietó al señalar que, al sentirnos mal, no solo atraemos de vuelta aquello que nos hace sentir mal, *sino que también atraemos todo aquello que tenga la misma frecuencia.* Las vibraciones negativas que se generan, por ejemplo, por un neumático pinchado, producirán una señal electromagnética que atraerá otras cosas malas a tu vida.

Las malas vibraciones por el neumático pinchado, si se mantienen por suficiente tiempo, se trasladan hacia el mundo en donde miles de millones de otras personas también proyectan sus propias vibraciones, altas o bajas. Cualquiera que se iguale a la tuya, irá en tu dirección. El boomerang de la frecuencia negativa por causa del neumático pinchado podría terminar "emparejándote" también con recibir un cobro inesperado, discutir con tu jefe o terminar intoxicado por comer algo en mal estado.

Fui un chico estudioso en la primaria, y trabajé duro para contar con un grupo de amigos en secundaria que, no solo me aceptaran tal como era, sino que eran amigos de otros chicos que quizás me hubiesen acosado. No quería que esta pelea con mi mejor amiga atrajese una cascada de vibraciones negativas a mi vida. Así que busqué ejercicios en el libro que pudieran ayudarme, para ponerlos en práctica y probar si lo que la autora decía servía. Es así como llegué a la redacción de guiones.

Cuando regresamos a casa de nuestras vacaciones, fui corriendo al baño, abrí el grifo de la ducha (para que nadie me escuchara) e hice lo que Grabhorn sugería: empecé a hablar en voz alta como si estuviese hablando por teléfono con mi mejor amiga. Hice como si ya hubiesen pasado algunas semanas y ni siquiera mencioné la pelea durante "nuestra conversación". Sentí una sensación de alivio en mi estómago, que pude convertir en un sentimiento aún mejor. Hasta el día de hoy, puedo compararlo con las "mariposas" que sentimos cuando estamos emocionados, pero estas mariposas eran unas que podía controlar e intensificar a voluntad. Al sentir esta corriente de mariposas positivas en mi estómago, pude extraerla de mí y hacerla crecer.

Hablé durante otros quince minutos sobre lo genial que habían sido las semanas anteriores, fingiendo que ya habían pasado tres semanas. Recordé una pijamada (inventada) en la que pedimos diez pizzas, algo que nunca haríamos porque éramos pocos en nuestro grupo de amigos, y la mayoría de nosotros teníamos padres estrictos. Hablé y hablé, haciendo un guion en voz alta tal como el libro decía. Le conté a mi amiga sobre planes para ir a una playa diferente a la que solíamos ir, y cómo, quizás, veríamos a ese chico lindo que ella había conocido a principios del verano. Literalmente, sentía como mi cerebro vibraba, me sentía al borde del mareo. Después de "colgar" la llamada con mi amiga, me di cuenta de que era una buena idea terminar de ducharme, para aprovechar el agua.

Luego de un minuto en la ducha, mi teléfono celular sonó. Era mi mejor amiga. Desnudo y empapado, salí de la ducha y tomé el celular. Temblando, con una mezcla de miedo y emoción, pensé: "¿Esto está pasando? ¿De verdad funciona tan rápido?".

Antes de contestar, todavía estaba embebido en las emociones que me produjo mi experiencia con el guion en voz alta. Ya que esto de "crear mi mundo como yo lo quisiera" era todavía algo nuevo para mí, esperaba que la conversación fuera de gritos de ida y vuelta. La pelea antes de mis vacaciones fue muy cruda y había quedado en un firme "continuará".

—Hola —atendí dudoso.

—¡Hola! ¿Quieres ir a la costa esta noche y quedarte en casa de mis abuelos unos días? —me preguntó, animada, alegre y sin ningún rastro de ironía o rabia.

—Ehh... ¡sí! —respondí—, suena divertido, me encantaría...

Dejé de hablar y me miré en el espejo del baño, para asegurarme que aquello no era un sueño. Estaba en shock y aliviado, pero a la vez sumamente confundido. Mi cerebro no lograba computar lo que estaba pasando.

Cuando tuvimos la pelea, había una *gran* posibilidad de que nuestra amistad se hubiese terminado, por lo grave que había sido. Mi lado animado y hablador se apagó por completo cuando ella cambió la dirección de la conversación.

—¿Estás bien? —me preguntó.

—Sí... ahora sí lo estoy. Es que... pensé que después de...

Ella me interrumpió antes de que pudiera terminar mi frase.

—¿Te refieres a esa pelea que tuvimos? Ya la superé, y lo siento. Debí llamarte y disculparme antes, pero ya te habías ido y no quise arruinar tus vacaciones. Ya lo superé, sigamos adelante. No fui justa. ¡Te extraño! Vamos a la playa esta noche.

Estaba estupefacto. Ella no era de disculparse. Ella no era alguien que superara las cosas, y menos una pelea que puso en riesgo nuestra amistad. Luego dijo algo que me perturbó.

—¡Ah, por cierto! Estábamos pensando en ir al paseo marítimo de Ocean City en vez de a Ventnor. Es que quería...

—Querías... ver... ¿si veíamos al chico lindo que conocimos a principios de verano? —tartamudeé, apenas pudiendo hablar.

La cabeza me iba a explotar. Verás... de las muchas cosas que mi mejor amiga y yo teníamos en común, además de que ambos éramos extremadamente recalcitrantes, era que nunca cambiábamos la playa o el malecón. Durante años, nuestras aventuras veraniegas fueron las mismas: siempre nos quedábamos en Margate City, un hermoso pueblo playero en la costa de Jersey donde su familia tenía una enorme casa de playa, y siempre íbamos al malecón de Ventnor. Ni siquiera estoy seguro de por qué en mi guion propuse la idea de ir a una playa diferente. Si acaso, fue para probar el método, y en ese momento el método estaba desafiando *mis* límites de lo posible.

—¡Sí! —ella rio— suenas muy extraño. Supe que al chico lindo le gusta pasar el rato en el malecón de Ocean City, así que pensé que no estaría mal intentarlo. Prepárate, mi papá nos llevará alrededor de las 4:00.

Colgamos y me senté en el piso del baño, contemplando lo imposible de lo que acababa de ocurrir. *Todo* lo de la conversación verdadera que acababa de tener no solamente *se correlacionaba* con la historia que había inventado para mi guion en voz alta, sino que, además, las emociones de felicidad y alivio ahora me invadían *de verdad*. Estaba en shock, ¡SÍ FUNCIONABA!

Mi mejor amiga, el ser humano más terco sobre la faz de la tierra acababa de olvidar la pelea del siglo. Iríamos a otro malecón, esperando encontrarnos con el chico lindo que había conocido a principios de verano. IGUAL COMO LO HABÍA DICHO EN MI GUION EN VOZ ALTA APENAS CINCO MINUTOS ANTES.

Terminé de ducharme y me preparé para ir a la costa. Debo admitir que me sentí como un zombi durante la primera hora. Estaba feliz de que la pelea hubiese terminado, pero también estaba impactado por lo fácil que parecía funcionar esto de los guiones, las vibraciones y la "ley de la atracción". En el paseo marítimo, nos encontramos con el chico que le gustaba a mi amiga, y él y sus amigos se nos unieron. Más tarde esa noche, nos encontramos con más amigos y fuimos a la casa de los abuelos de mi amiga, donde siempre nos quedábamos a dormir.

Cuando llegamos a la casa, cerca de las 8:00 pm, el padre de mi mejor amiga dijo que nos tenía una sorpresa. Más temprano, había ido a comprar un par de pizzas, pero parece que el restaurant tenía una oferta especial loca, y en la cocina nos esperaban no dos cajas de pizza sino *diez cajas de pizza* para nuestro disfrute. Perdí el apetito.

Miré a mi alrededor, preguntándome cómo esto estaba sucediendo. En retrospectiva podrá parecer algo minúsculo, pero para mí, era la prueba de que el libro tenía la llave mágica para la vida. Aun estando tan feliz de estar allí con mi mejor amiga y todos nuestros otros amigos comiendo pizza, lo que quería era ir a casa y volver a leer el libro. Quería probar otras cosas que el libro recomendaba; estaba extasiado.

También estaba aterrado. Razoné que, si en verdad era tan fácil cambiar las cosas a mi alrededor, yo no podía ser el único en posesión de tan "mágica" información. Comencé a pensar de más y me asusté. ¿Es que todo el mundo hacía esto? ¿Todo el mundo era capaz de hacerlo?

EL UNIVERSO ME ASALTÓ

Mi habilidad para transformar las buenas noticias en ansiedad solo la iguala mi habilidad de transformar la ansiedad en un brote de acné en mi barbilla.

TINA FEY, *BOSSYPANTS*

Actué de manera extraña durante todo ese fin de semana en la playa. Al menos eso es lo que mis amigos me decían. No había traído el libro a la playa, pero lo había estudiado tanto que ya lo conocía lo suficiente como para seguir jugando con las ideas que presentaba. Intenté permanecer en ese estado de "sentirme bien" lo más que pude. Si alguien decía algo raro o pasaba algo que no me gustaba, corría al baño de la casa de playa y empezaba a pensar de qué manera quería que la situación cambiase. Trataba de descifrar el sentimiento que quería obtener del cambio de situación, y luego pensaba en algo que desencadenase la emoción que me llevara a ese sentimiento que quería. Funcionó la mayoría de las veces.

Cuando al fin regresé a casa del paseo con mis amigos, me sentía como un dios. Solo había pasado una semana y media desde el día en que mi madre me había dado el libro al día que regresé de la playa con mis amigos. Finalmente, le conté todo a mi madre. Cuando ella me entregó el libro por primera vez no me dijo mayor cosa, pero cuando se dio cuenta de que no dejaba de leerlo, me dijo que se sorprendió gratamente, ya que ella no lo había disfrutado como yo. Recordé eso al sentarme en la mesa de la cocina para hablar con ella. No podía entender por qué a ella no le había gustado un libro que enseñaba cómo crear lo que quisieras en tu vida.

Mi familia estaba llena de personas únicas y espirituales que creían en cosas que muchos considerarían fuera de lo común. Mi madre y mi abuela empezaron a enseñarme conceptos relacionados con crear mi propia realidad desde pequeño. Mientras que muchos de mis amigos iban a la escuela hebrea o a la escuela dominical, yo me quedaba en casa aprendiendo a meditar y a escribir afirmaciones. Así que, de cierta forma, el concepto de crear mi propia realidad no era del todo desconocido para mí, pero "crear a voluntad" sí era novedoso y grandioso. Estaba acostumbrado a que las cosas tomasen tiempo. A los quince años, ya yo había utilizado herramientas como la afirmación y la meditación para generar cosas maravillosas en mi vida.

Aunque ya creía que podíamos generar muchas cosas en nuestras vidas, los métodos de mi familia consistían en demasiados pasos, y las cosas tardaban en materializarse, si es que lo hacían. La simplicidad de lo que Grabhorn enseñaba en su libro fue otra de las cosas que me impactaron. Si era tan fácil como hacer un guion en voz alta y ubicarse en el sentimiento espiritual adecuado, mi yo de quince años estaba convencido de que sería multimillonario en pocas semanas.

Mi madre apoyó mi entusiasmo por el libro. Me admitió que apenas había leído unos capítulos cuando me lo dio. Le conté todo lo que había pasado al haber usado la escritura de guiones y la proyección de buenos sentimientos (vibraciones). Me dijo que todo sonaba genial y que lo siguiera estudiando y aplicando a ver qué pasaba. Estaba tan contento con el libro que planeaba usar este nuevo "poder mágico" sin importar lo que mi madre dijera, pero fue bueno que me motivara a sumergirme en el trabajo.

Era el año 2003 y, aunque ya existía internet, no estaba ni cerca a lo que es hoy en día. No era usual usar el internet para buscar cosas, ya fuera encontrar a otros que estudiaran el tema que me interesaba o la bibliografía del autor Abraham-Hicks, que Grabhorn mencionaba brevemente en su libro. No existían YouTube, las redes sociales y mucho de lo que consideramos nuestra internet actual. Esto fue apenas unos años antes de que *El secreto* trajera a la palestra algunas ideas que Grabhorn presentaba en su libro.

Así que solo podía recurrir a este libro, y me entusiasmaba hacer todo lo que me decía. Hice un plan para los siguientes años, que consistía en una sencilla lista:

1. Quiero obtener un papel importante en la obra de teatro y el musical de la escuela.

2. Quiero tener novio.
3. Quiero graduarme con antelación.
4. Quiero hacer la transición de actuar en el teatro profesional a actuar en televisión y en películas.
5. Quiero mudarme a Los Ángeles para impulsar mi carrera.

En ese momento yo tenía quince años. No era común que alguien que estaba por pasar a segundo año obtuviera un papel protagónico en la obra de teatro o del musical de la escuela; seguía en el closet y solo conocía de otra persona, entre más de mil personas, de la escuela que había salido del closet; no estaba en proceso de graduarme temprano y no tenía idea de cómo lograrlo; nunca había tomado clases de actuación para películas y vivía a casi cinco mil kilómetros de Los Ángeles. Pero nada podía ser un obstáculo para mí, porque ahora sabía que había una manera de obtener lo que quisiera en la vida.

Pasé algunas semanas perfeccionando mis habilidades. Hice listas de por qué quería lo que quería, seguí haciendo guiones en voz alta y por escrito en mis cuadernos, mientras fingía estar en un nebuloso futuro donde todo lo que quería ya se había convertido en realidad. Seguí emanando buenas vibraciones y emociones. Me sentía bastante bien. Pensaba que conocía el secreto para hacer cumplir cualquier cosa.

Y, entonces, les conté a mis amigos sobre *Disculpa, tu vida te está esperando*.

Decir que me llamaron estúpido sería mentir. No eran amigos malintencionados que me harían sentir como un idiota o que me llamasen por sobrenombres, pero... me hicieron querer tirar el libro a la basura y lanzarle un fósforo. Intenté no dejar que eso me afectara, pero estaba claro: todos pensaban que era una estupidez. Me dijeron que no había cambiado nada, se rieron de la idea de que algo así pudiese suceder; que estaba perdiendo mi tiempo. Incluso algunos de mis familiares no espirituales se rieron cuando les conté lo que estaba haciendo y lo bien que parecía funcionar.

Era el año 2003, y no sabía lo que sé ahora. Extrañamente, obtuve todo lo que me propuse en mi lista, pero me di cuenta de que obtuve esas cosas mediante métodos más tradicionales que mi madre me había enseñado, combinado con trabajo duro. Ojalá pudiera decirte que seguí trabajando en secreto con los métodos del libro, pero no fue así. Guardé el libro y me dije a mí mismo que ya había terminado con eso.

Y después me asaltaron.

Capítulo tres

Paso uno: escribe tu lista diaria de deseos

No hay lugar en el que puedas estar que no sea donde debes estar.

THE BEATLES,
"ALL YOU NEED IS LOVE"

TUVIERON QUE ASALTARME y casi apuñalarme hasta la muerte antes de que entendiera las señales del universo/Dios/lo-que-fuese que me decía que prestara atención a las enseñanzas del libro *Disculpa, tu vida te está esperando*. El libro tenía la semilla, y yo tenía la tierra, el sol y el agua para hacer que la idea creciera y se convirtiera en algo que transformaría mi vida, y la tuya, para siempre.

Guardé el libro durante año y medio, luego de que mis amigos y familiares me ridiculizaran; pero encontró su camino de vuelta hacia mí. Literalmente no tuve opción. Transcurría el mes de abril de 2005, llevaba cuatro meses viviendo solo en Los Ángeles. Estaba en el proceso de transición del teatro a la televisión y películas profesionalmente.

Tenía que acudir a una clase de actuación matutina que me encantaba. Sin embargo, me desperté con una corazonada fuerte que me decía que *no fuera a la clase*. No podía identificar qué era, pero tenía el horrible presentimiento de que si iba algo malo pasaría. Mi madre estaba en la ciudad visitándome e insistió en que fuera y como no tenía otra razón para no ir, aparte de mi corazonada, comencé a alistarme.

El apartamento donde vivía quedaba en la avenida Orchid, una callecita tranquila que terminaba en el muro trasero del famoso Teatro Chino en el Centro Hollywood y Highland. Estaba en un edificio construido a principios de la década de 1920, durante el apogeo de Hollywoodland. Al igual que la mayoría de los edificios de esa época, no tenía estacionamiento ni garaje. Solamente se podía estacionar en la calle e incluso eso era bastante limitado. A menudo, debía estacionar mi auto a muchas cuadras o en la subida de la avenida Orchid, al cruzar la avenida Franklin. Allí estaba estacionado mi auto esa fatídica mañana, apenas unos días antes de mi cumpleaños número diecisiete.

Ignorando a mi yo interior que me *gritaba* que no fuera a la clase, terminé de arreglarme y salí por la puerta principal de mi edificio. Era una clase *muy* temprano en la mañana, y Los Ángeles, la ciudad en donde a todo el mundo le gusta dormir hasta tarde, parecía un pueblo fantasma. Tan pronto crucé la calle, me interceptó un hombre muy alto, que de inmediato sacó un largo y afilado cuchillo empujándolo longitudinalmente contra mi abdomen. Si el hombre lo hubiese empuñado apenas una décima de milímetro más cerca, probablemente me hubiese abierto de par en par.

El hombre empezó a gritar que acababa de salir de prisión esa mañana, y me mostró su identificación de la institución con la mano que no sostenía el cuchillo. Esta próxima parte me resulta un poco confusa, ya que estaba seguro de que ese era el momento de mi muerte. Sabía que el hombre quería mi billetera la cual tenía mi licencia y otras tarjetas importantes. Pero en ese momento no pensaba con claridad. Mientras el hombre me gritaba, logré deslizar mi mano dentro de mi bolsillo y sacar un billete de veinte dólares que tenía en mi billetera.

Una vez que tenía el billete entre mis dedos, mentí y le dije al hombre que simplemente había salido a caminar y que no tenía mi billetera conmigo. Me tenía en una posición extraña y miraba a su alrededor, cerciorándose de que no había policías cerca, ya que estábamos a plena luz del día en una calle que pronto se llenaría de gente. Le dije que tenía veinte dólares, y se los mostré. Parecía enojado, pero no lo suficiente como para apuñalarme. Tomó el dinero, se marchó trotando y se detuvo justo frente a mi edificio. Sabiendo que no podía ir hacia allá en caso de que me viera y supiera dónde vivía, decidí ir rápido hacia mi auto, que estaba en dirección opuesta, estacionado detrás de una esquina en la subida, fuera de su vista.

Me subí al auto y comencé a hiperventilar. Conduje por las laderas completamente aturdido. Me sentía demasiado agitado para ir a mi clase de actuación, así que llamé a mi instructor y le conté que me acababan de asaltar y que no podría asistir ese día. Seguí dando vueltas por Hollywood en mi auto, sin saber a dónde ir. Mi madre no contestaba su celular.

No sé por qué no fui a la policía. Aquellos que hayan estado en situaciones similares sin duda entenderán el miedo y la confusión que te abruma en un evento así, especialmente con dieciséis años. Además, sentía que la situación no había terminado; seguía intentando conseguir un lugar seguro, lejos de mi apartamento, pero no demasiado lejos, ya que lo único que quería hacer era llegar a casa, acurrucarme en mi cama y morirme.

Eventualmente, conduje por Sunset Boulevard en dirección este hacia Vine y vi una librería Borders. De repente, como si alguien me dirigiese, todo el pánico desapareció y supe que estaría a salvo dentro de la librería. Me estacioné y entré, sin prestar demasiada atención a mi alrededor. Me preguntaba cuánto tiempo me tendría que quedar allí hasta que mi asaltante se hubiese ido de mi calle. Como si me guiara una fuerza elevada, sentí la necesidad de ir hacia un estante en el lado opuesto de la tienda... y allí estaba, EL LIBRO, *Disculpa, tu vida te está esperando,* esperando en silencio.

Miré hacia arriba, al universo (o a Dios) y me reí y dije: "¡ESTÁ BIEN, ENTIENDO!".

Compré el libro y los otros dos libros de la autora que estaban a la venta, además del libro de tácticas de *Disculpa, tu vida está esperando,* un cuaderno de ejercicios que era una expansión del libro original. Al salir de la tienda, conduje por Cahuenga Boulevard y, justo después de cruzar Hollywood Boulevard, vi la cosa más increíble: al lado izquierdo de la calle había dos patrullas de policía estacionadas junto a una furgoneta destartalada, y apoyada contra esta una persona que se me hacía conocida: el hombre que me había asaltado. ¡Lo estaban esposando!

En ese momento me sentí en shock, pero lleno de alivio. Las probabilidades de que todo eso pasara eran muy remotas; los Ángeles es una de las ciudades más grandes y pobladas de Estados Unidos, e incluso el vecindario de Hollywood es tan grande que es posible que jamás te encuentres con tu vecino mientras haces tus diligencias diarias. Cuando pasé por el lugar del arresto, me encontraba a unos pocos kilómetros del sitio donde este hombre me había asaltado, y estaban a punto de subirlo al auto de policía. Si hubiese salido de la librería un minuto antes o un minuto después, es posible que nunca hubiese visto cómo lo arrestaban, y que no hubiese sentido esa combinación de shock y alivio.

Un minuto después llegué a casa y le conté a mi madre lo sucedido. Me dijo que debería empezar a leer el libro otra vez, y así lo hice. Sentí lo mismo que la primera vez, apenas un año y medio antes: bienestar y emoción. Me dio escalofríos y me zumbaba la cabeza, de la mejor manera posible. Tomé un descanso de la lectura unas horas después para ir a Universal CityWalk con mi madre para almorzar en nuestro restaurante favorito, Cafe Tu Tu Tango.

Este recuerdo permanece bordado en la tela de mi alma: mientras nos dirigíamos al auto luego de almorzar, el viento soplaba por el estacionamiento de Universal Studios. Hacía mucho sol, el clima era perfecto; me recordó al día en el que mi mamá me entregó el libro por primera vez, cuando íbamos de camino a las islas. Recuerdo haber pensado: "Estos son los vientos de cambio. A partir de ahora todo será diferente y mejor". Y tuve razón. Para mí, ese libro tenía algo mágico. En retrospectiva, todas las circunstancias que rodearon la reaparición del libro en mi vida pudiesen parecer discordantes para algunos, pero la verdad es que no salí herido del asalto, y una serie de eventos locos y veloces terminaron con el regreso del libro a mis manos.

Llegué a casa y devoré el resto del libro de una sola sentada. Me sentí en casa leyendo la sección sobre la escritura de guiones, pero también me di cuenta de que, para escribirlos bien, tenía que entender los aspectos básicos de la manifestación y de la ley de la atracción, y no solamente cómo los describían en este libro. Quería entender y aprender *todo*, lo escrito o no escrito.

Después de ese día, casi todas mis jornadas incluían al menos una visita a la librería, para devorar cualquier libro que tratara de la manifestación, nuevo pensamiento y cualquier cosa parecida. Este hábito continúa hasta el presente. Desde que me adentré en la escritura de guiones he podido ver que mucho de lo que llega a mi vida, creado por mí mismo o no, depende de una sola cosa: el permiso. Pero no el tipo de permiso en el que estás pensando.

PERMISO PARA SER EGOÍSTA

Pobre es aquel cuyos placeres dependen del permiso de otro.
MADONNA, "JUSTIFY MY LOVE"

Solo necesitas tu propio permiso para ser feliz. No necesitas el permiso de alguien más para ser tú mismo. No necesitas el permiso de alguien más para ser egoísta. ¿Ves? De eso se trata: ser egoísta no es malo. Si no eres feliz, si no abrazas de forma egoísta tus deseos, sueños, metas y cosas que quieres, entonces, ¿cómo harás feliz a alguien más?

Ámate a ti mismo lo suficiente como para ser egoísta. Dictionary.com define la palabra *egoísta* como "devoto a sí mismo o que solo le importa lo relativo a sí mismo; que solo se preocupa por sus propios intereses, beneficios, bienestar, etc., a pesar de los demás". En el diccionario Merriam-Webster, bajo la palabra *egoísta*, encontramos sinónimos como *introspectivo*, *orgulloso* y *"que se ama a sí mismo"* junto a otros sinónimos como *engreído* y *presumido*... ¿y qué?

Es hora de abrazar tu lado egoísta y que comiences a ser honesto contigo mismo respecto a lo que TÚ quieres, no lo que los demás te dicen que quieres. Si no te atrae la idea de ser egoísta o tal vez sientes que al ser egoísta les negarás algo a los demás, te lo diré de otra manera: *Ama a los demás lo suficiente para ir tras tus metas de manera egoísta, y ama a los demás lo suficiente para dejar que ellos hagan lo mismo.*

Michael Jordan, hasta hoy considerado uno de los más grandes jugadores de baloncesto de todos los tiempos, dijo una de mis frases favoritas sobre ser egoísta: "Para ser exitoso debes ser egoísta, de otra forma nunca lo lograrás. Y una vez que alcances tu nivel más alto, debes dejar de serlo. Mantente alcanzable. Mantente en contacto. No te aísles". Esa es la clave. Debes ser lo suficientemente egoísta para alcanzar y lograr tus metas y sueños *para que el bien que hayas adquirido durante tu vida se transmita a los demás.*

Cuando se trata de escribir guiones para crear cosas increíbles y maravillosas en tu vida, debes ser lo suficientemente egoísta para admitir (al menos a ti mismo) qué es lo que de verdad quieres. A veces la gente dice cosas como: "¡Pero si ni siquiera sé qué es lo que quiero!". Esa persona está equivocada, porque ya sabe al menos una cosa que quiere: *quiere saber lo que quiere.* Ese es un gran comienzo. Cuando me refiero colectivamente a anhelos, sueños, metas, eventos que quieres que sucedan, etc., los llamo "deseos", lo cual es sinónimo de "anhelos". Saber cuáles son tus deseos es el primer paso para crear cualquier cosa en tu vida, especialmente cuando se trata de aprender a escribir guiones.

A los fines de este libro, existen algunos términos básicos que necesitamos conocer: los *deseos*, las *intenciones*, las *creencias* y los *guiones* o su *escritura*. Todas estas cosas son clave para manifestar lo que anhelas en tu vida. Aunque hayas leído todos los libros sobre pensamiento positivo, autoayuda, nuevo pensamiento, etc., es vital que no pierdas tu atención, porque te presentaré otros puntos de vista de estos términos sobreutilizados. Iremos a un lugar probablemente desconocido para ti en lo que respecta a crear cosas a voluntad, lo cual se traduce en manifestar a un nivel totalmente diferente. Manifestar milagros es más fácil de lo que piensas.

Mi definición favorita de lo que es un verdadero milagro se extrae del libro *The Miracle of a Definite Chief Aim* escrito por Mitch Horowitz. El autor define milagro como "una favorable desviación de toda expectativa razonable, como la realización de una meta añorada, pero remota" [1]. Así que, si creas milagros en tu vida manifestándolos, ¿a qué diablos me refiero con *manifestar*?

MAESTRO MANIFESTADOR

Si le preguntas qué significa *manifestar* a alguien que tenga un leve interés en la ley de la atracción, te dirá que es como "crear algo". Para mí, *manifestar* significa "traer al mundo físico un deseo, un sueño o un anhelo que se origina en nuestra mente". Se puede manifestar algo empleando métodos y herramientas como la escritura de guiones.

¿Qué significa *manifestar*? Merriam-Webster lo define como "mostrar claramente" o "hacer evidente o verdadero al mostrar o exponer". Asimismo, define *manifestación* como "un fenómeno oculto, específicamente: la materialización". Esta segunda definición es la que tendremos presente por el resto de nuestra aventura.

Tú manifestaste que este libro llegara a tus manos. ¿Lo compraste en una tienda o en línea? ¿Te lo dio un amigo? ¿Te lo robaste? Como mencionamos en la introducción, sin importar la manera en que este libro haya llegado a tus manos o a tu dispositivo, tú lo manifestaste a tu realidad. Manifestaste lo que comiste anoche. Los humanos son máquinas de manifestar, y siempre estamos creando y trayendo algo a nuestra realidad, sea una cosa o una experiencia, *incluso si esa experiencia es simplemente sentarse a hacer nada.*

QUIERO QUE QUIERAS

El primer paso para manifestar es saber cuáles son tus deseos. Entonces, ¿qué son los deseos? ¿Cuál es la diferencia entre un deseo y una intención? ¿Acaso importa? Respondamos estas importantes preguntas una por una.

¿Qué es un deseo?

Para escribir un guion, necesitas saber lo que deseas. Un deseo es simplemente un anhelo, ya sea una experiencia, una cosa, un lugar al que quieras ir, el tipo de persona que quieres en tu vida o la manera en que deseas sentirte. Cuando se trata de desear cosas, la gente tiende a enfocarse, sin darse cuenta, en que no tienen lo que desean. *Es muy importante mantener el foco en lo que deseas y lejos de la realidad que implica no tenerlo aún.*

Eso puede resultar difícil para aquellos que apenas comienzan al igual que para aquellos que llevan estudiando estos temas por años. Por suerte, existen dos cosas simples que puedes hacer para asegurarte de que tu foco se mantenga en lo que deseas: las intenciones y tu lista diaria de deseos.

Las intenciones

Una de mis maneras favoritas de asegurarme de que mis deseos estén enfocados en el lugar correcto, es transformarlos en intenciones. Decir "tengo la intención de" tiene un *punch* más emocional que decir "yo deseo". Veamos algunos ejemplos, y luego podrás intentarlo tú mismo.

Digamos que deseas (o necesitas) que mañana sea un buen día. Deseas sentirte bien, feliz, contento. Busca un cuaderno o tu computadora, o tu tablet o incluso la aplicación de notas de tu celular y haz el siguiente ejercicio:

1. Escribe lo siguiente: "Deseo que hoy sea un día grandioso".
2. Detente y analiza cómo te hace sentir eso. Cierra los ojos y respira profundo.
3. Fíjate en la afirmación y califícala del 1 al 10, en donde el 10 represente "¡Esto se siente de verdad perfecto!". Yo le daría un 3 a esa afirmación.
4. Luego, escribe lo siguiente: "Tengo la intención de que hoy sea un día grandioso".
5. Analiza cómo te hace sentir esa afirmación.
6. Califica esa afirmación; yo le daría más un 8 o un 9.

La palabra *intención* tiene movimiento e impulso. Se enfoca solo en ti y también es como programarse a sí mismo para llevar a cabo la misión.

Digamos que deseas (o necesitas) que una entrevista de trabajo salga muy bien. Cierra los ojos y di en voz alta: "Deseo que mi entrevista de trabajo de hoy salga muy bien". Detente por un momento y analiza cómo te hace sentir eso, y luego di en voz alta: "Tengo la intención de que mi entrevista de trabajo de hoy salga muy bien". ¿Ves cómo eso se siente muchísimo mejor? Tener intenciones es una manera genial de mantener el foco y la emoción de tu deseo en el lugar indicado. Este es un aspecto muy importante de la escritura de guiones.

En la primavera de 2007, unos meses antes de dar con la fórmula mágica de la escritura de guiones, me puse a experimentar con mi diaria de deseos. Comencé a cambiar los "Deseo que..." por "Tengo la intención de que..." y noté cómo eso hacía la diferencia. Esto nos lleva a nuestra segunda manera de asegurarnos de que nuestros deseos estén donde deben estar.

Tu lista diaria de deseos

Temprano en mi travesía con la escritura de guiones, aprendí que necesitaba encontrar la manera de enfocarme cada mañana en aquello que deseaba. Fue ahí cuando descubrí la magia del "cuaderno de espiral de 70 hojas con líneas anchas, para una asignatura, marca Mead". Esos cuadernos cuestan cerca de un dólar y los puedes comprar en cualquier farmacia o tienda de artículos de oficina. También me gustan los bolígrafos negros baratos, lo cual demuestra que manifestar cosas grandiosas para tu vida no necesita ser costoso.

Algunas personas prefieren los cuadernos y otras prefieren usar su computadora o tablet en la mañana y hacer su lista. De cualquier manera, recomiendo que cada mañana, antes de comenzar a escribir tu guion, tomes tu cuaderno o tu computadora y hagas lo siguiente:

1. Escribe "Deseos" al principio de la página, seguido de la fecha. Esta es una parte importante de lo que será tu ritual diario de escritura de guiones, así que hacerlo junto a todos tus ejercicios ahora te ayudará a convertirlo en un hábito.

2. Abajo, escribe una lista de tus deseos actuales, en forma de intenciones. Yo siempre intento apuntar a siete o más deseos por día, pero está bien tener más o tener menos. El objetivo principal aquí es hacerlo todos los días para que se haga un hábito.

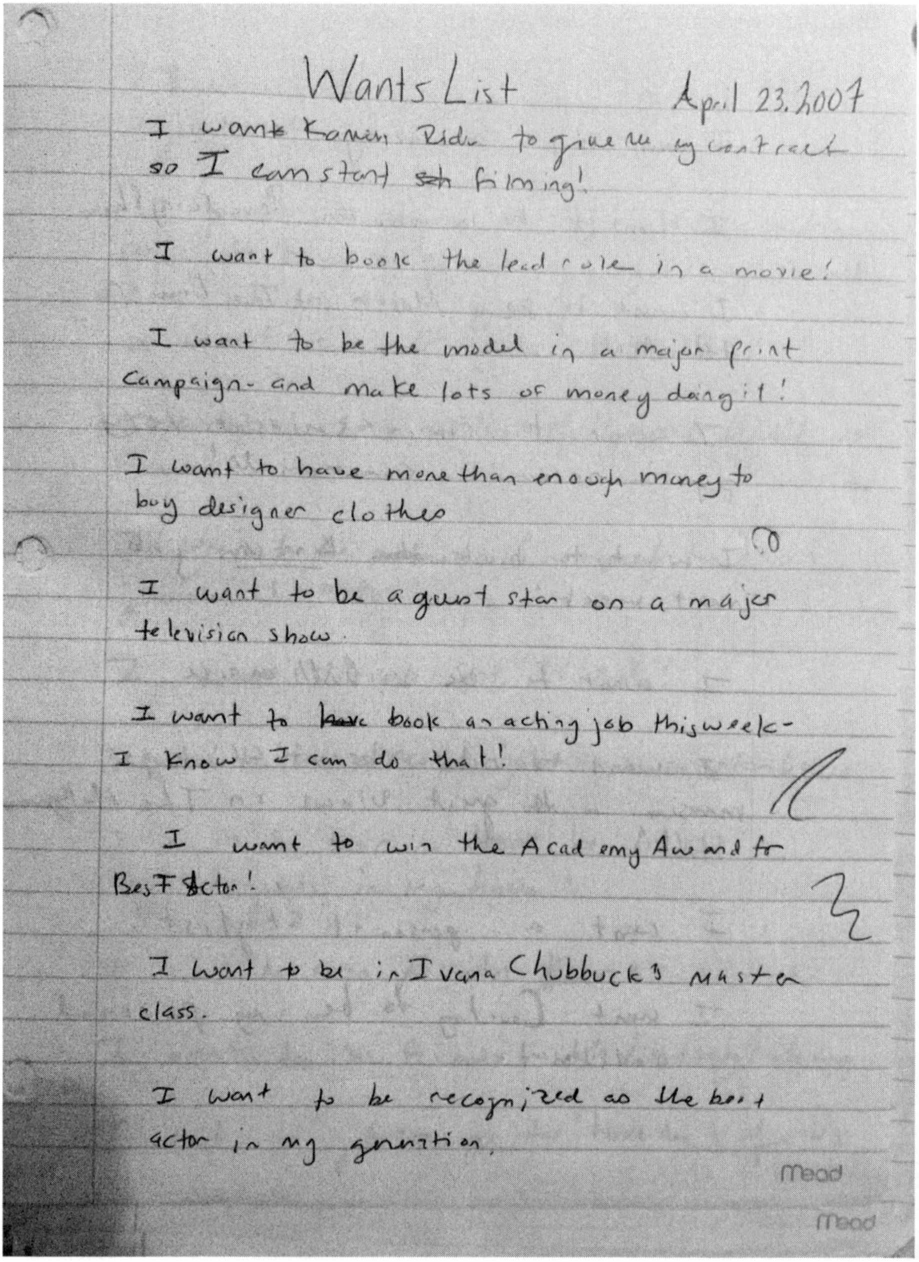

Wants List   April 23, 2007

I want Kamen Rider to give me my contract so I can start filming!

I want to book the lead role in a movie!

I want to be the model in a major print campaign- and make lots of money doing it!

I want to have more than enough money to buy designer clothes

I want to be a guest star on a major television show.

I want to book an acting job this week- I know I can do that!

I want to win the Academy Award for Best Actor!

I want to be in Ivana Chubbuck's Master class.

I want to be recognized as the best actor in my generation.

Fig. 3.1. Lista de deseos escrita a mano

Helvetica Neue ◇ 14 ◇ B *I* U a ✎ {} ≔ ≡ ☑ — ≡∨ ⊞ ℓ ⊛ ⌕ ◬

DESEOS – Hoy es 14 de noviembre de 2018.

1. Tengo la intención de terminar todo en mi lista de que haceres

2. Tengo la intención de ser maestro manifestador

3. Tengo la intención de ser un maestro en magia

4. Tengo la intención de terminar el manuscrito de "Suddenly Right" esta semana

5. Tengo la intención de llegar fácilmente a mi peso ideal de 140 libras

6. Tengo la intención de tener el perfecto matrimonio con Solly en Tahiti

7. Tengo la intención de tener un viaje perfecto a Portland con Solly y su familia la semana que viene

8. Tengo la intención de sentir vibraciones altas, alegres y enfocadas

9. Tengo la intención de acelerar, progresar y terminar mi trabajo de hoy

10. Tengo la intención de sentirme feliz

11. Tengo la intención de saber lo que debo hacer para lograr todos mis deseos

Fig. 3.2. Lista de deseos escrita en computadora

Esto es una buena práctica mientras te acostumbras a escribir. Es una manera sencilla de enfocarte a primera hora de la mañana, y toma menos de cinco minutos.

En las páginas 39 y 40 encontrarás un par de ejemplos de Listas de deseos: una escrita a mano que data de la primavera de 2007 y una más reciente, hecha en computadora.

Tu lista diaria de deseos cambiará todos los días. A veces, un deseo permanecerá en tu lista durante días, semanas o meses, y es normal. Contrario al método de emplear la lista diaria de deseos como una herramienta para llevar la cuenta, nosotros solo usaremos la misma como una herramienta de enfoque: nuevo día, nueva página, nueva lista diaria de deseos.

Asegúrate de siempre seguir mi "Regla de buena corazonada" cuando hagas tu lista diaria de deseos: *si un deseo no se siente bien o tiene demasiada carga emocional, no lo escribas.*

Existen otras maneras, a través de la escritura de guiones, mediante las cuales podemos manifestar aquellos deseos más "cargados". Aunque la lista diaria de deseos diarios no es obligatoria, ayuda y por lo tanto no debería ser estresante o tomarte más de cinco minutos. Hay días que escribo tres deseos, otros me dejo llevar y me paso de los cinco minutos y escribo cincuenta deseos. Hago eso porque cada deseo/ intención me hace sentir muy bien y me permite darme cuenta de que tengo otro deseo, y así sucesivamente.

Creer y saber

Uno de los aspectos más interesantes sobre manifestar y crear es la importancia de creer. Mucha gente en todas partes del mundo ha escrito libros, ensayos y artículos respaldando la importancia de creer. Pero ¿qué tiene que ver *creer* en algo con *crear* cosas en tu realidad? Creer es algo que impulsa la motivación y la acción. El poder de la escritura de guiones, es decir, escribirlos todos los días, yace en que no estamos creando en un futuro nebuloso, sino solo durante las siguientes doce horas más o menos, y eso genera un marco totalmente distinto en nuestras mentes.

Tim Knight, fundador de Focus 3, escribe en su sitio web:

> Creer impulsa lo que haces, y lo que haces determina lo que lograrás. Eso es cierto en todos los aspectos de la vida: los negocios, los deportes, la educación y las relaciones personales.
>
> Creer te empodera o te limita. Empoderar tu creencia aumenta tu desempeño; limitarla lo disminuye. Esto es especialmente cierto si nos hallamos bajo la presión de una competencia o en respuesta a situaciones retadoras.
>
> La buena noticia es que tú elijes en qué creer... el poder de creer yace en tu habilidad para lograr cuatro cosas: creer crea visión, creer crea fuerza de voluntad, creer crea resiliencia, creer enciende y activa[2].

Cuando se trata de creer, creemos en tantas cosas conflictivas que especificarlas y reforzar algunas creencias resulta complicado, no solo en tus anhelos, sino también en tu habilidad para emplear las herramientas para obtener las cosas de tu lista. La clave es entrenar a nuestro cerebro a ver con claridad que los procesos que se explican en este libro funcionan. ¿Cómo hacer eso si hemos tenido una vida donde hemos logrado hacer nuestros sueños y anhelos realidad? La siguiente es una de mis fórmulas secretas para entrenar al cerebro. Siempre recuerda que lo mundano es mágico.

LA MAGIA DE LO MUNDANO

Cada cierto tiempo, algún amigo o alguien a quien estoy entrenando viene a mí sintiéndose estancado en sus manifestaciones, luego de haber tenido mucho éxito al principio. Todas las veces, sin excepción, la razón por la que sus manifestaciones se han detenido es por algo muy sencillo: no escriben en su lista diaria de deseos aquellas cosas que consideran "aburridas" o "triviales".

Cuando escribes tu lista diaria de deseos, inevitablemente habrá cosas que parezcan imposibles de tener o de experimentar aún. Si solo te centras en intenciones grandes, como casarte con alguien de la realeza y vivir en un castillo o ganar un premio Oscar, luego de varias semanas o meses de *solo* escribir intenciones como estas pasan dos cosas: dejas de sentirte bien al escribir tu lista diaria de deseos y no manifiestas nada.

Antes de que me digas: "Espera un momento, Royce. ¡Pensé que habías dicho que podría obtener todo lo que quisiera!", escucha. *Sí puedes obtener todo aquello que anheles,* pero necesitas incluir la siguiente práctica.

Lo mejor sobre tus deseos y tu vida cuando se refiere a traer cosas nuevas, es que siempre habrá algo que creas probable, o totalmente posible, como ir al dentista.

La mejor amiga de Solly, mi pareja, se había encontrado con un obstáculo durante su trabajo de manifestación y me llamó, molesta y enojada con el universo. Me pregunto qué podía hacer para cambiar las cosas, porque a pesar de haber tenido éxito al principio, sus manifestaciones se habían detenido por completo.

—¿Cuándo tienes cita con el dentista? —le pregunté, con total seriedad.

Luego de asegurarle que era una pregunta seria, me dijo que su próxima cita era la semana siguiente. Le pregunté eso porque me acordé de que a ella le gustaba ir al dentista, porque eso le daba una excusa para salir temprano del trabajo y conducir por una vía pintoresca que casi nunca tenía oportunidad de ver.

—¡Grandioso! —le dije—. Cuéntame sobre otras cosas normales que harás durante los próximos días.

Me dijo que planeaba ir al supermercado el domingo y que se encontraría con sus padres el lunes para cenar.

—¡Fantástico! A partir de mañana, cuando escribas tu lista diaria de deseos, vas a escribir al menos dos intenciones relacionadas con tu cita con el dentista, y algunas más relativas a la cena con tus padres y tu ida al supermercado. Haz que sean cosas que sabes que pasarán. Por ejemplo, escribe que tienes la intención de que la cita con el dentista transcurra bien, que tienes la intención de comprar esas manzanas orgánicas que te encantan, y que tienes la intención de disfrutar pasar el tiempo con el perro de tus padres cuando cenes con ellos en su casa.

—Pero, Royce, no le temo al dentista, así que esas citas siempre transcurren bien, sé que voy a comprar esas manzanas porque siempre las compro y me encanta ver al perro de mis padres. ¡No entiendo cómo eso me ayudará a manifestar de nuevo!

Le aconsejé que pensara en esas intenciones "mundanas" como puntos flexibles de su lista, como complementos de las intenciones "grandes" que había escrito. Con *flexibles*, me refiero a que podría agregar más intenciones de cosas que ella supiera con certeza que pasarían durante los siguientes días o semanas, y podría cambiar un poco el pasarla bien en el dentista y añadir que le dieran una muestra gratis de dentífrico (ya que su dentista siempre lo hace). Aunque ella seguía pensando que yo estaba loco, lo intentó. Le pedí que confiara en mí y que me llamara en una semana.

Cuando me llamó, solo habían pasado cinco días desde nuestra conversación sobre agregar cosas mágicas y mundanas a su lista diaria de deseos. Estaba extasiada, no solo se manifestaron las cosas obvias de las que hablamos, como comprar las manzanas, ¡sino que también la invitaron a salir mientras hacía sus compras! También se abrió una vacante de gerencia en la compañía donde trabajaba y su jefe la invitó a entrevistarse para el puesto, que implicaba un ligero aumento de sueldo.

¿Qué pasó entonces? ¿De qué manera escribir las cosas que ella sabía que pasarían ayudó a que la manifestación de otras más emocionantes y grandes de su lista diaria de deseos se "desatascaran"?

LA CLAVE CIENTÍFICA DE LA MANIFESTACIÓN

La primera pista del éxito de nuestra lista diaria de deseos mundana puede encontrarse en un proceso que se lleva a cabo en nuestro tallo cerebral, por un conjunto de núcleos interconectados que conforman la formación reticular[3]. Las neuronas de esa zona forman redes increíblemente complejas y ayudan a controlar desde nuestra transición del sueño a la vigilia, hasta la cantidad de dopamina, nuestro químico interno de recompensa, que se libera en nuestro organismo. Por ahora nos enfocaremos en un solo aspecto de nuestra formación reticular: el sistema modulador de control extratalámico, que quizá lo hayas escuchado mencionar como sistema activador reticular ascendente (SARA) por líderes del pensamiento positivo como Mel Robbins.

SARA es clave en la manifestación. Estudios científicos de nuestro SARA han llevado a creer que esta formación del tamaño de nuestro dedo meñique podría ser la clave de cómo creamos y traemos cosas a nuestra vida.

En un fascinante artículo titulado "Cómo su sistema activador reticular ascendente (SARA) determina su éxito", el autor Akshay Gupta explica como este sistema actúa como filtro para miles de millones de piezas de información que nuestros sentidos absorben a diario. Gupta afirma:

> Ayuda pensar que nuestro sistema activador reticular ascendente (SARA) es como el portero de nuestro cerebro. Su labor es ordenar las grandes cantidades de información que nuestros órganos sensoriales entregan. Algunos de esos estímulos siempre ocurren, por ejemplo, cuando escuchamos que nos llaman por nuestro nombre. Sin embargo, hay información que nuestro cerebro puede descartar y el SARA toma la decisión de ignorarla. Básicamente, el SARA deja pasar información en la que ya estemos enfocados[4].

¿Has notado como cuando alguien menciona una palabra poco común para ti, como *Windsor*, o cuando ves un número por casualidad, como 11:11, y después aparentemente de la nada empiezas a ver la palabra *Windsor* y el número 11:11 casi en todas partes? Contrario a la superstición, ¡es tu SARA trabajando! Cuando sientes eso, estás experimentando el fenómeno Baader-Meinhof. Resulta que esta cuestión rara de ver lo mismo una y otra vez no es tan rara, gracias a los descubrimientos de la investigación neurocientífica. Lo que en el pasado se consideró un fenómeno que no tenía explicación, hoy en día sabemos que es responsabilidad del SARA. Nuestro SARA es el creador del fenómeno Baader-Meinhof, tal y como lo explican en HowStuffWorks:

Este fenómeno ocurre cuando las cosas que acabamos de notar, experimentar o que nos contaron, de repente aparecen a cada momento. Sentimos como si, de la nada, todo el mundo estuviese hablando del tema, o como si el tema nos estuviese persiguiendo. Y no estamos locos: sí lo estamos viendo más, pero es porque lo estamos notando más, por supuesto[5].

Aquí entran en juego dos procesos cerebrales distintos. El primero es la *atención selectiva*, que ocurre cuando algo nuevo nos intriga e inconscientemente preparamos a nuestros sentidos para que estén más abiertos a ese algo, esto resulta en que vemos como si ocurriese más a menudo de lo que esperaríamos de manera consciente. El segundo es la *parcialidad de confirmación*, que es cuando interpretamos nuestras primeras vistas de ese algo nuevo como si ese algo nuevo estuviese ahora *en todas partes*[6].

¿Por qué esto importa cuando hablamos de una lista de intenciones, anhelos y creencias? Nuestro SARA es un filtro programado. Me gusta pensar que el cerebro es una computadora que puede programarse con software y aplicaciones geniales... o que puede infectarse de un virus que necesitamos limpiar. Lo bueno es que ambas cosas son posibles: programar y limpiar. Todos los ejercicios de este libro, incluyendo mi método personal de escritura de guiones, ayudan en parte a reprogramar nuestra computadora mental y a limpiar y reenfocar el filtro de nuestro cerebro.

Mel Robbins lo explica mejor:

¿Adivina quién programó ese filtro? ¡Tú mismo! Al igual que la gente de tu pasado. Así que, si constantemente te sientes no deseado, adivina: tu sistema activador reticular ascendente está repasando el día y resaltará cada trozo de evidencia que confirme esa creencia negativa. Si crees que no les caes bien a tus compañeros de trabajo, tu sistema activador reticular ascendente (el filtro) pasará literalmente todo el día buscando evidencia para confirmar esa creencia[7].

Nuestro SARA decide qué deja pasar por el filtro basándose en los siguientes factores:

1. Lo que *nosotros* consideramos importante. Nuestras metas y todas las cosas que hemos reforzado mediante nuestras creencias a través de los años.
2. Nuestra supervivencia, específicamente las cosas que nos ayudarán a seguir vivos actualmente. Esto es porque nuestro SARA también está programado para enfocarse en nuestra supervivencia.

Esto significa que nuestro SARA se enfoca principalmente en dos cosas: qué tan importante es para nuestra supervivencia inmediata la información que recibe y qué tan importante es para nosotros cierta circunstancia, ya que *nosotros* le seguimos diciendo que se enfoque en ella. Esa parte puede ser emocionante o aterradora, depende de cómo quieras verla.

Lo bueno es que tienes el poder para reprogramar tu SARA fácilmente y poco a poco. Mientras la mayoría de los maestros sugieren visualizar o soñar despiertos con nuestras metas, sé por experiencia personal que también es crucial retroalimentar nuestro SARA y darle instrucciones por escrito. Por eso es tan importante escribir cosas mundanas (que sabes que pasarán) en tu lista diaria de deseos. Cuando las cosas mundanas se manifiestan en tu realidad, tu SARA genera nuevas sinapsis relacionadas con tu lista diaria de deseos y tu realidad. El SARA de tu cerebro de inmediato empezará a entender dos cosas:

1. Cuando algo está en la lista, es posible que pase en la vida real.
2. Mejor le pongo atención a lo que sea que esté en esta lista, porque es posible que pase en la vida real.

Esto es importante porque tu lista diaria de deseos se dirige a los dos trabajos de tu SARA: **supervivencia** y **deseo**. Ahora nuestro SARA estará prestando más atención cuando elaboremos la lista, porque sabrá, desde el punto de vista de la supervivencia, que lo que esté en esa lista pasará. Le estarás dando instrucciones a tu cerebro para que preste atención a todo lo que te rodea y que te ayude a conseguir las cosas de tu lista diaria de deseos... ¡incluyendo tus GRANDES intenciones, sueños y anhelos!

Gupta explica: "Si piensas en un momento de tu vida que te gustaría alcanzar (empleo, viajes, matrimonio), tu SARA detectará que eso es esencial para tu vida y trabajará más en enfocarse en esas cosas"[8].

SI LO VISUALIZAS...

Escribir guiones y cosas como tu lista diaria de deseos es de muchas maneras "visualizar en vigilia" o "meditar despierto". La visualización se ha estudiado y empleado por científicos y hasta por atletas olímpicos porque funciona muy bien. En mi experiencia con clientes y estudiantes, escribir guiones puede ser más poderoso que la visualización convencional. Además, para aquellos a quienes les cuesta visualizar imágenes en su mente, estos ejercicios por escrito son fantásticos para obtener resultados similares o hasta mejores.

Mel Robbins resume lo que todo el mundo, desde médicos hasta académicos, han dicho durante años sobre lo que hemos aprendido de la visualización:

> El cerebro no conoce la diferencia entre algo que en realidad pasó y las cosas que nos imaginamos que nos están pasando... Cuando visualizamos, el cerebro codifica esa visualización como un recuerdo, y eso es importante, porque cuando se registra como un recuerdo verdadero, el sistema activador reticular ascendente cambia[9].

Ahora bien, esa información es muy buena, pero ¿cómo nos aseguramos de que nuestro SARA no filtre cosas importantes cuando la visualización no esté funcionando lo suficientemente rápido? Por eso yo lo llevo un paso más allá, comenzando por la lista diaria de deseos. Con la misma le mostraremos a nuestro SARA que nuestras nuevas rutinas y cosas como la lista diaria de deseos en verdad funcionan, de una vez. La manera más fácil de lograr esto es incluir cosas mundanas junto a otras intenciones, metas y sueños.

Los centros de recompensa de nuestro cerebro, que también son controlados por la misma estructura que nuestro SARA, comenzarán a enviar señales y químicos de bienestar cuando empieces a ver que las cosas que pones en tu lista diaria de deseos se materializan. Por lo tanto, hacemos dos cosas cuando escribimos cosas aburridas en nuestra lista:

1. Entrenamos a nuestro cerebro y a nuestro SARA mostrándoles que cuando escribimos algo en nuestra lista diaria de deseos, es porque es importante.
2. Activamos los centros de recompensa de nuestro cerebro al emocionarnos al ver que las cosas de nuestra lista, incluso las aburridas, se materializan en nuestra realidad.

Luego de algunos días, estas cosas mundanas que se materializan obligan a nuestro SARA a enfocarse aún más en nuestra lista diaria de deseos, ya que ahora reconoce que todo lo que aparezca en ella es importante, *¡porque las cosas de la lista se vuelven realidad!*

Prefiero usar un apodo más simple para llamar al sistema activador reticular ascendente cuando necesito recordar como retomar mi camino. Lo llamo mi Sistema ExtraCOM, porque suena como "comunicación extra", que es exactamente lo que hacemos cuando nos involucramos con esta parte de nuestro cerebro: le damos información adicional para que sepa lo que queremos. Creo que existen puentes espirituales mágicos aún no descubiertos entre la ciencia de este sistema cerebral y nuestro entendimiento de la naturaleza de la realidad desde una perspectiva espiritual. Si te interesa, el SARA es una de las muchas áreas de estudio que recomiendo investigar.

En verdad es tan fácil como agregar unas simples intenciones a tu lista diaria de deseos. No hay que pensar demasiado. Tu lista podría ser como la siguiente:

Tengo la intención de que hoy sea un día maravilloso.
Tengo la intención de irme a dormir a tiempo esta noche, a las 9:00 pm.
Tengo la intención de beber cuatro botellas de agua el día de hoy.

Claramente, si tienes la intención de beber cuatro botellas de agua hoy y lo pones en tu lista diaria de deseos como una intención, es muy probable que lleves a cabo esa acción por varias razones. Sabemos que eso es cierto, gracias a nuestro mágico sistema ExtraCOM, y además te anima a llevar a cabo acciones simples que logran grandes resultados.

Si una de las intenciones de tu lista diaria de deseos es llegar a tu peso ideal y mantenerlo, entonces tener la intención de tomar más agua y lograr un buen horario de sueño, son deseos agregados muy útiles. Esas intenciones son fáciles de lograr, y te ayudan a permanecer motivado.

Puedes escribir algo como "tengo la intención de permanecer hidratado durante el día y la noche" y lograr ese resultado. Una lista diaria de deseos NO es una lista de quehaceres. Debes jugar y encontrar una manera de decirlo que resuene contigo. Poner cosas en tu lista diaria de deseos que consideres posibles es un divertido truco de manifestación.

A pocos días de cambiar los deseos a intenciones en mi lista diaria de deseos, me surgió la idea de continuarla en la página siguiente con una lista de creencias. En verdad es muy sencillo: todos los días, una vez hayas hecho tu lista diaria de deseos, ve a la próxima página en blanco de tu cuaderno o de tu computadora y escribe "Lista de creencias" en la parte de arriba, junto a la fecha. Luego, escoge de tres a cinco deseos de tu lista diaria de deseos y escríbelos en esta página. Escoge los deseos que sean más creíbles para ti. Por ejemplo, si escribiste "Tengo la intención de que la cena con mis suegros de la próxima semana será divertida, tranquila y placentera", entonces examina ese deseo. Aunque la relación con tus suegros haya tenido altibajos en el pasado, ¿es posible que tengas una buena comida con ellos la semana siguiente? Acude a tu corazonada. Si te sienta mal, no lo agregues a tu lista de creencias, pero si se siente posible, AGRÉGALA. Tienes dos maneras de escribirla: en presente o en pasado. Haz lo que se sienta real. En el ejemplo a continuación verás lo que yo llamo "el tiempo presente retorcido", una especie de híbrido entre el presente y el pasado. Yo he descubierto que el uso de este tiempo le da poder. Así que, en tu lista de creencias, escribirás algo como:

Creo que la cena con mis suegros la próxima semana transcurre bien y es divertida.

o

Sé que la cena con mis suegros transcurre bien y es muy divertida.

Cuando te acostumbres y comiences a escribir más y más guiones, tu lista de creencias se hará mucho más entretenida e incluirá cosas que alguna vez creíste imposibles: si publicar un libro es un sueño que tienes, luego de varias semanas de escribir guiones podrías escribir algo como lo siguiente en tu lista de creencias:

Sé que mi libro está publicado.

o

Sé que los editores aman mi libro y me ofrecen un contrato de publicación genial.

Es posible confundir la lista de creencias con afirmaciones, pero la clave de la lista de creencias es que debes creer que lo que escribes no solamente es posible sino probable y definitivo. Asimismo, la clave es que tu lista diaria de deseos cambie a diario. Eso no quiere decir que habrá algunas creencias que permanezcan en tu lista diaria por días o semanas, pero tu lista es *diaria*, mientras que la lista de afirmaciones es fija. Las afirmaciones tienen una manera de ser repetitivas y limitantes, y pueden también forzarnos a ir a lugares incómodos, donde comenzamos a enfocarnos en aquello que no queremos.

Una lista de creencias actúa como una llave mágica para abrir tus acciones inspiradas, lo que te ayuda a recibir todas las cosas que quieres en la vida. En conclusión, cuando se trata de escribir guiones, hay dos pasos iniciales que harás todos los días: 1.- tu lista diaria de deseos y 2.- tu lista de creencias.

¿Lo tienes? Muy bien. Vayamos al paso dos.

Capítulo cuatro

Paso dos:
escribe tu guion diario

Una onza de acción equivale a una tonelada de teoría.

ATRIBUIDO A RALPH WALDO EMERSON

EL MOMENTO EN EL QUE ME DI CUENTA de que había dado con "el secreto" permanecerá grabado en mi memoria. Fue alucinante, emocionante, estimulante y aterrador. Solo tenía diecinueve años, pero sentía que había descubierto el secreto para obtener todo lo que quisiera.

Era el final de la primavera de 2007. Estaba obsesionado con la escritura de guiones. Quería saber cómo hacer que funcionara, no solo a veces, sino siempre. Ya había intentado todos los métodos remotamente parecidos a la escritura de guiones, desde escribir página tras página de fantasías situadas meses o años en el futuro a hablar conmigo mismo en voz alta. Cada método que probaba lo adaptaba a mi propia versión. Me sentía como si hubiese encontrado un tesoro con diez detectores de metal, pero sin tener una pala para desenterrarlo. Sabía que estaba cerca, pero no podía alcanzarlo.

Resulta que estaba complicando las cosas, lo cual, en retrospectiva, fue una bendición. Mi búsqueda de un método para escribir guiones que funcionara el cien por ciento de las veces alcanzó un punto culminante. Estaba decidido a descubrir cómo funcionaban los guiones, sí o sí. Leí más de trescientos libros sobre la ley de la atracción, visualización, pensamiento positivo, nuevo pensamiento, psicología, escritura y todo lo que se le pareciera. Miré videos, hablé con mucha gente en búsqueda de una respuesta: desde dependientes de tiendas holísticas hasta médicos e incluso un sacerdote.

Pero sin importar a dónde mirase o buscase, siempre terminaba igual, sin nada. Seguía buscando en todos lados la respuesta. Me decía a mí mismo, "alguien TIENE que saber". En ese momento, me hubiese conformado con que alguien me mostrase un modo para hacerlo funcionar el 65 por ciento de las veces. Resultaba muy frustrante conseguir una técnica que fuese así de poderosa, pero que solo sirviese un 50 por ciento de las veces. Había días en los que deseaba que nunca hubiese funcionado, en los que deseaba que solo hubiese sido una tontería de una vez en 2003.

Una noche estaba con algunos amigos afines, quienes también estudiaban el nuevo pensamiento, y me lamentaba sobre mi búsqueda de la persona, el libro o cualquier cosa que me diera la respuesta. Una amiga me miró de una forma que jamás olvidaré y me dijo: "eres tú mismo, Royce".

—¿Disculpa? —le pregunté, sin entender lo que quiso decir.

—Debes ser tú. Sigues buscando a alguien que tenga la respuesta para hacer que los guiones funcionen, y siempre terminas sin nada. Tú eres quien debe encontrar la respuesta, nadie más la encontrará. Has estudiado la manifestación desde niño. Es posible que ya sepas la respuesta. ¿Por qué no revisas tus cuadernos o algo así?

Se me encendió el bombillo. Ella tenía razón. Yo tenía cuadernos que había usado durante años en mi trabajo de manifestación, pero sabía que en ellos no estaba la respuesta, no en esos cuadernos llenos de listas y guiones largos. En vez de eso, me fui a mi habitación, busqué en mi mesa de noche, y ahí estaba: mi diario.

Llevaba poco más de un año escribiendo un diario seriamente y tenía la seguridad de que si leía algunas anotaciones del momento en el que los guiones funcionaron, encontraría la clave. Pensé que encontraría algo si me fijaba en las otras cosas que hice esos días además de escribir guiones. Comencé a leer y me di cuenta de que tenía en mis manos la respuesta a años de preguntas. Hojeé las entradas de mi diario; la razón por la que había decidido escribirlo era porque quería un registro de todo lo que hacía todos los días, así como un registro de mi trabajo de manifestación; pero la respuesta no estaba *en* mis entradas de diario; la respuesta era *el diario en sí.*

—¡Demonios! —miré mi diario incrédulo. Había descubierto algo tan poderoso, tan simple y transformador, que casi me caigo al suelo— ¡Mis entradas de diario tienen que ser iguales a mi guion! ¡Mis entradas de diario tienen que ser iguales!

Estaba prácticamente gritando cuando mis amigos fueron corriendo a mi habitación. Me veía como un científico loco que había hecho el descubrimiento de su vida. Había sobrepensado este proceso, todos lo habíamos hecho. Todo el que enseñaba a escribir guiones no había captado el punto.

De repente, era como si hubiese descargado la respuesta: simplemente conocía la clave de la escritura de guiones. Los guiones jamás funcionarían si siempre escribíamos sobre semanas, meses o años después, o siquiera sobre un período en específico. Eso es contrario al poder de los guiones. Escribir guiones de esa forma puede servir para ubicarnos en la posición de obtener cualquier cosa, persona o experiencia que queramos, pero pudiese ser mucho más. *Pudiese ser una herramienta que funcionase a diario*, con un gran porcentaje de éxito. Pero era necesario darle la vuelta a todo el concepto, sacudirlo y volverlo a agrupar. Sabía que por fin tenía la fórmula para hacer que los guiones funcionaran todos los días y todo el tiempo.

Al día siguiente me desperté temprano e hice un experimento. Hice mi lista diaria de deseos y mi lista diaria de creencias. Después, hice algo que jamás había hecho antes en mi cuaderno de manifestación; le di vuelta a la página y escribí "Guion" en la parte superior, con la fecha a la izquierda (era 24 de mayo de 2007), y escribí un guion de una página como si estuviese escribiendo en mi diario al final del día, antes de dormir.

Escribí en detalle todo lo que sabía que pasaría ese día, como ir a practicar escenas con mi pareja de la clase de actuación. Pero también añadí lo que quería que pasara. Escribí que mi promotor me llamó para decirme que había obtenido el papel en *Zoey 101*, la comedia de Nickelodeon para la cual había me había presentado a una audición el día anterior. También escribí que había obtenido una prueba para un episodio piloto para el cual estaban haciendo nuevas audiciones, al igual que otros detalles.

Había escrito en mi pequeño diario verde todas las noches por casi un año, pero quería superarme a mí mismo. Por eso escribí algo que consideraba fácil que ocurriera ese día, condimentado con algunos de mis deseos (como obtener el papel para el que me había presentado el día anterior). Se sintió tan bien y fue muy fácil porque no tuve que forzar nada. Ya me había levantado a las 9:00 am, así que cuando escribí eso en mi guion matutino, lo sentí real porque era real. Al añadir pequeños detalles, me hice a mí mismo sentir lo que se sentiría escribir esas mismas cosas en mi diario por la noche.

El día transcurrió con normalidad, excepto que ni mi promotor ni mi agente me llamaron para decirme que había obtenido el papel ni la prueba. No dejé que eso me desviara. Esa noche escribí en mi diario lo que de verdad ocurrió ese día. La mañana siguiente hice el mismo ejercicio, ajustándolo para el nuevo día. En ese entonces mi rutina era más o menos la misma: levantarme, ir a audiciones, tener clases de actuación, comer, pasar el rato con amigos, repetir. No hacía el mismo guion todos los días; en vez de eso, escribía mi guion en las mañanas, fingiendo que estaba escribiendo en mi diario y no en mi cuaderno de manifestación. Escribía el día entero desde la perspectiva de estar sentado en mi cama en la noche y hacer un recuento del día, tal y como lo venía haciendo, excepto que ahora lo hacía a primera hora de la mañana. Mi única regla, la cual era obvia para mí, era que mi diario nocturno (mi diario real) siempre debía ser factual y hacer un recuento de lo sucedido en el día.

Habían pasado algunos días y, de repente, sucedió algo mágico, solo que no me di cuenta sino hasta que lo escribí en mi diario real la noche del 30 de mayo de 2007, seis días después de haber iniciado mi experimento con los guiones. Miré incrédulo mi diario por un momento y luego corrí a buscar en mi cuaderno de manifestación la entrada del primer día del experimento. Me sorprendí: el guion de la mañana del 24 de mayo era igual a mi entrada de diario del 30 de mayo, casi palabra por palabra. Estaba tan emocionado, que casi no podía contenerme.

En la página 56 a la izquierda, se halla el texto del guion matutino que escribí el 24 de mayo, y a la derecha, el texto de mi entrada de diario del 30 de mayo, apenas seis días después.

Guion del jueves 24 de mayo de 2007

¡Vaya! ¡Yupi! ¡El día de hoy fue tan, tan bueno! Me desperté cerca de las 9 am, muy satisfecho con mi audición de ayer para Zoey 101. ¡Sentía como si una corriente me atravesara! Me duché e hice mi meditación de limpieza de chakras. Luego, estudié mi libreto para ensayar con mi pareja de clases de actuación. Terminé yendo a su casa a ensayar y mientras estaba allí, ¡recibí una llamada de mi promotor, Nils! ¡Me dijo que había obtenido el papel en Zoey 101! ¡Estoy loco de alegría! ¡Comenzaré a grabar a principios de la semana que viene! Fui a casa, ¡y recibí dos llamadas más sobre una prueba para el piloto de KRDK y otro programa! ¡Estaba tan emocionado! Fui hasta la casa de mi coach de actuación y trabajamos por más de una hora. Después, para celebrar que obtuve el trabajo y que mi mamá estaba en la ciudad, salimos a comer. ¡Ahora estoy en casa estudiando el libreto para las audiciones! Están pasando tantas cosas buenas. ¡Me siento muy agradecido y emocionado! ¡SÍ!

Miércoles 30 de mayo de 2007

¡SÍ! ¡SÍ a todo! ¡OK! Hoy fue un día maravilloso, hermoso y perfecto en todo sentido. Me desperté esta mañana a las 9:30 am y fui a la casa de mi pareja de clases de actuación para practicar libretos / limpieza de chakras (la mitad) esta mañana. Luego, cuando me iba, recibí un mensaje de voz de mi promotor pidiéndome que le devolviese la llamada. ¡Resulta que me dieron el papel en ZOEY 101! ¡Y grabo el lunes! ¡SÍ! Y después, ¡me dice que mañana tengo una audición para una película grande! Llamé a mi coach de actuación y trabajamos por UNA HORA, y me hizo sentir tan bien y tan confiado sobre mí mismo y mi trabajo. Obtuve un trabajo, un GRAN trabajo, una película con una gran estrella de Hollywood. ENTONCES, mi promotor me llama otra vez ¡y me dice que tengo una prueba con KRDK el martes! ¡SÍ! ¡Me siento muy bien al respecto! Llamé a los productores del programa ¡y trabajaremos todos juntos mañana en mi escena! Luego, mamá y yo celebramos en Koji's, me metí en la bañera, y aquí estoy. ¡Algo MUY GRANDE viene en camino, es ENORME y MÁGICO y se siente tan... maravilloso! ¡Obtendré al menos dos trabajos más esta semana! ¡Lo juro!

¡Todavía se me pone la piel de gallina cuando los leo! En las páginas 58 y 59 encontrarás imágenes del guion en mi cuaderno de manifestación y de la página de mi diario, para que las compares con las entradas anteriores.

No sé qué me entusiasmaba más: obtener el papel en el programa de TV o que por fin supiera la manera de hacer que los guiones sirvieran de verdad. Me tomó solo unos días para que mis guiones matutinos se alinearan con mis entradas de diario nocturnos. Era sorprendente.

Luego de jugar con la escritura diaria de guiones durante algunas semanas y de que la magia ocurriera casi todos los días, tenía una pregunta: ¿qué tan adelante en el futuro podría llevar al guion? Había muchas razones por las cuales estos guiones funcionaban, pero mis guiones comprendían apenas unas doce horas de cada día.

Todavía escribía mi lista diaria de deseos, que contenía algunos sueños y metas más altos que no eran tan fáciles de incluir en mis guiones diarios. También me llegó un papel protagónico en una comedia de Disney Channel, y lo quería más que cualquier cosa. Así que decidí probar algo en adición a mi guion diario: un guion de diez días, una vez a la semana.

Fue en ese momento cuando la verdadera revelación ocurrió.

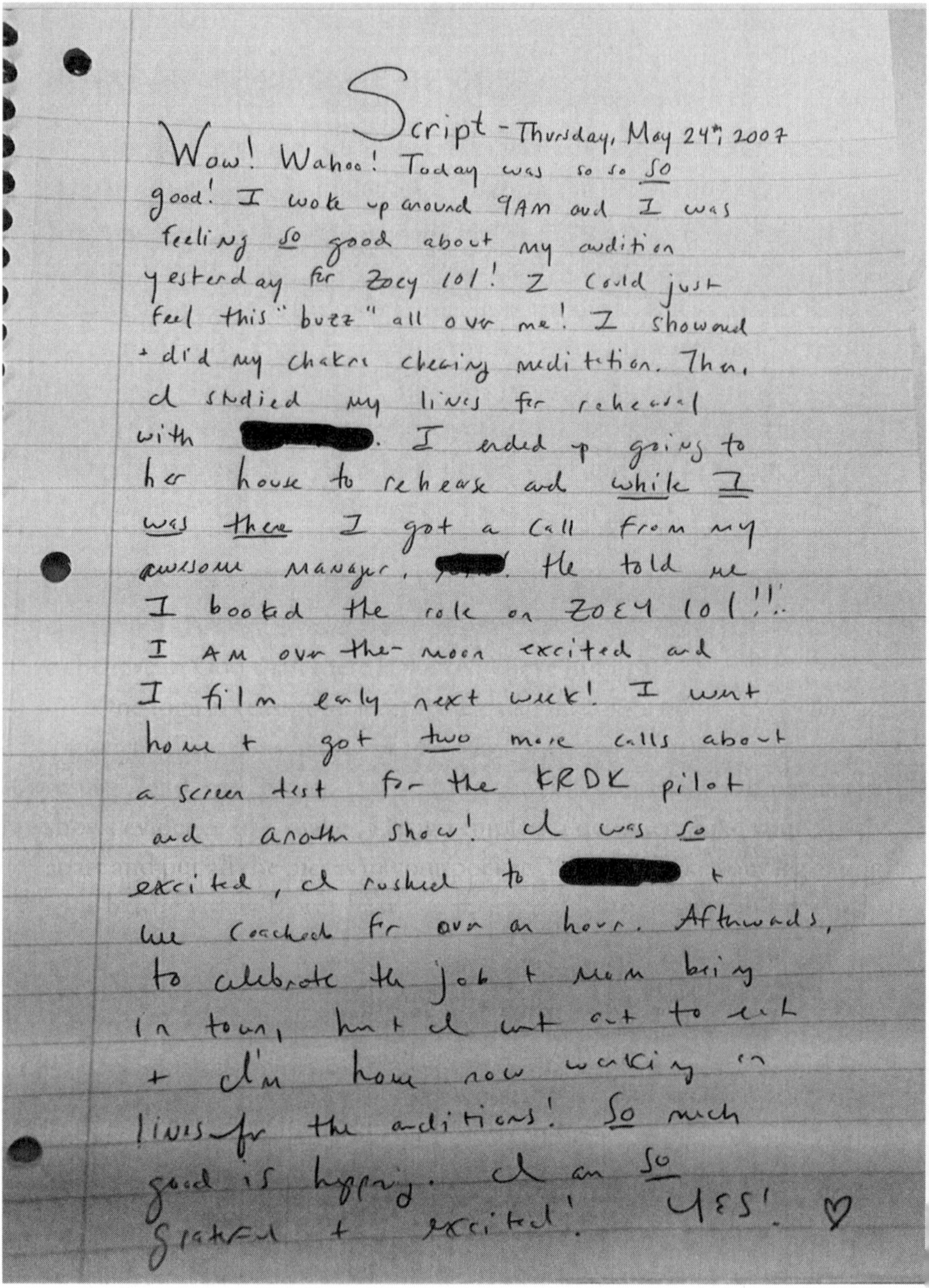

Script - Thursday, May 24th, 2007

Wow! Wahoo! Today was so so SO good! I woke up around 9AM and I was feeling SO good about my audition yesterday for Zoey 101! I could just feel this "buzz" all over me! I showered + did my chakra clearing meditation. Then, I studied my lines for rehearsal with ███████. I ended up going to her house to rehearse and while I was there I got a call from my awesome manager, ████. He told me I booked the role on ZOEY 101!!.. I AM over the moon excited and I film early next week! I went home + got two more calls about a screen test for the KRDK pilot and another show! I was so excited, I rushed to ████████ + we coached for over an hour. Afterwards, to celebrate the job + mom being in town, but I went out to eat + I'm home now working on lines for the auditions! So much good is happening. I am SO grateful + excited! YES! ♡

Fig. 4.1. Guion escrito a mano la mañana del 24 de mayo de 2007

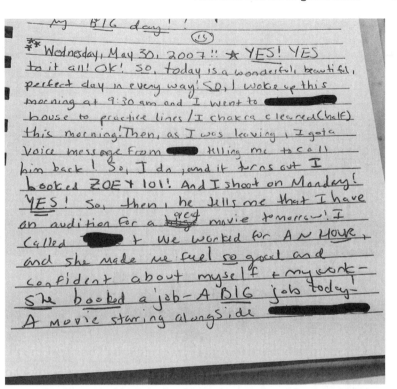

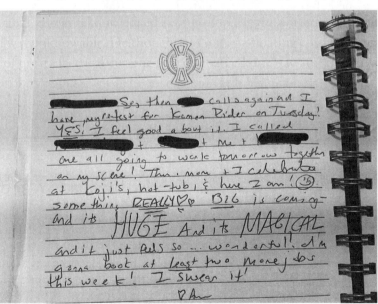

Fig. 4.2. Entrada de diario escrita la noche del 30 de mayo de 2007

Capítulo cinco

Paso tres:
el poderoso guion de los diez días

Demasiado de algo bueno puede ser maravilloso.

MAE WEST

SI DESCUBRIR EL MARAVILLOSO, PERO EXTRAÑO PODER del guion diario fue como una grieta en el techo de cristal, entonces la creación e implementación del guion de los diez días fue el momento en el que ese techo se quebró por completo, y logré llegar al otro lado. El propósito del guion de los diez días es sencillo: te permite agregar deseos más grandes y más emocionantes a tu experiencia de creación.

Cuando se hace adecuadamente, escribir guiones te permite tomar el control de tu vida y de las circunstancias que te rodean. Escribir guiones es situarse en un lugar sentimental y de enfoque para obtener lo que deseas y retomar las riendas de tu vida. Tu vida es TU vida: eres el único escritor, productor y director.

Ahora bien, si me funcionaban tan bien los guiones diarios (es decir, escribir un guion de una página en la mañana y otro en mi diario verdadero en la noche), ¿por qué sentí la necesidad de hacer un segundo ejercicio? Quería encontrar la manera de agregar algunos de los anhelos más grandes de mi lista de deseos a mi trabajo de escritura de guiones. En realidad, el guion de los diez días no es un segundo ejercicio; ni siquiera estarías agregando otra cosa a tu rutina diaria. Lo que harás es cambiar la manera de escribir tus guiones los domingos.

Algunos estudios han demostrado que romper con tu rutina diaria tiene un efecto positivo en la creación de nuevos hábitos. Escribir guiones es, por ejemplo, un nuevo hábito que quieres implementar. También dicen que solo toma veintiún días adquirir un nuevo hábito, pero se ha demostrado científicamente que eso no es cierto: resulta que toma sesenta y seis días. Aún más interesante resulta el hecho de que, según estudios, saltarse un día o romper con la rutina no reinicia el "reloj de hábitos" que muchos de nosotros tenemos en la cabeza cuando queremos lograr un cambio positivo y permanente en nuestras vidas.

No te estoy instando a que te tomes un receso de tu guion diario. Escribir guiones es sencillo y divertido, en especial cuando ves lo rápido que las cosas que escribes por la mañana se materializan el mismo día, solo minutos u horas después. Pero también hay que ir más allá de nuestros guiones diarios, y ahí entra en juego el guion de los diez días.

El guion de los diez días surgió de una forma muy curiosa. Es una creación que surge de mis guiones diarios, en los que comencé a escribir que había averiguado la manera perfecta de añadir intenciones y deseos más grandes y a largo plazo a mi trabajo de escritura de guiones. Esto es clave para tu trabajo de manifestación. Cuando te sientas estancado, *emplea lo que funciona para encontrarle solución a lo que no funciona.* Hablaremos de eso al final del libro, ya que es una herramienta muy poderosa.

Estaba experimentado maravilla tras maravilla con mi guion diario. Llevaba un par de años yendo a audiciones casi todas las semanas para papeles en Disney Channel. Para 2007, mis reuniones y sesiones de audición con varias personas de Disney Channel parecieron llegar a un punto culminante: directores de audiciones de dos programas distintos me invitaban a leer para papeles hasta dos veces a la semana. Uno de esos programas, *Hannah Montana*, protagonizado por Miley Cyrus, ya estaba en los medios masivos.

El otro programa era nuevo y todavía no había salido al aire, apenas estaban empezando a grabarlo. Dicho programa pasó por muchos cambios de nombre, pero la cadena se decidió por fin por el que todos conocemos: *Los hechiceros de Waverly Place*. Para el verano de 2007, los directores de audición de este programa, Ruth Lambert y Robert McGee, me estaban invitando a audiciones tan a menudo que sentí que debía mudarme más cerca del estudio donde estaban grabando. Una de las intenciones presentes en mi lista diaria de deseos, por algunos meses, había sido obtener el papel de estrella invitada en *Los hechiceros de Waverly Place*. Una vez que descubrí los guiones diarios, quería colocar en forma de guion aquello que sería una revelación, no solo para mi carrera, sino también para mi trabajo de manifestación.

Un lunes por la noche luego de mi clase semanal de actuación, sentí como si un rayo me golpeara. La clase normalmente ocurría los domingos por la noche, pero esa semana en particular la habían pospuesto. Eran alrededor de las 9:00 pm cuando llegué a casa, pensando en lo cerca que estaba de obtener un papel en un programa de Disney. Siempre me acercaba muchísimo a obtener un trabajo y luego tenían que decidirse entre otro chico y yo. Quería cambiar eso, así que me senté en mi escritorio con mi cuaderno de manifestación, reservado para mi escritura de guiones matutina.

Por alguna razón, esa mañana no había escrito un guion; fue una de las pocas mañanas que no lo hice desde que descubrí el poder del guion diario. Así que escribí la fecha en la parte superior junto a la palabra "Guion" como siempre, y empecé a escribir de una manera diferente a la que empleaba usualmente en mis guiones diarios. Como era el final del día, no podía poner lo que quería que pasase ese día porque ya había ocurrido. A continuación, esto fue lo que escribí:

Guion, 23 de julio de 2007

OK, vida maravillosa, ¡ahora mismo te haré saber dos cosas perfectas! Una es que eres maravillosa, perfecta e ideal en todas las maneras. ¡Tu perfección, belleza y felicidad, vida mía, es de oro y maravillosa! ¡Y la otra es que todo será perfecto a partir de ahora! Todo ya es maravilloso. ¡Toda tú, vida maravillosa, se cambia y se trasforma en un ser majestuoso, con la frecuencia más alta que el cuerpo humano pueda tener! ¡Vida, ahora eres perfecta, y estoy muy emocionado y agradecido!

Ese párrafo es muy distinto a cualquier otro guion que hubiese escrito antes. En él, le hablaba directamente a mi vida, o a lo que algunos llaman "mi yo superior". No estaba escribiendo el guion de algo que ya había pasado, sino que le ordenaba a mi vida que entendiera que era perfecta en ese momento.

Me quedé mirando la página, y lo vi... miré el calendario y conté diez días, y luego, justo debajo del primer párrafo del guion, escribí la fecha de diez días después: 3 de agosto de 2007. Sentía escalofríos en mi espalda. Empecé a escribir como si fuera diez días después y compuse una larga entrada de diario mirando hacia esos días. En ese momento surgieron de mí dos cosas sorprendentes: en la primera página y media de ese guion de los diez días solo escribí sobre lo altas que se sentían mis vibraciones, lo maravilloso que me sentía y lo positivo que se sentían las energías y el mundo a mi alrededor. Actuaba como si estuviese diciendo eso en ese momento, pero eran diez días en el futuro. Luego de situarme en aquel lugar que se sentía tan bien, usé la frase clave que sellaría el poder del guion de los diez días: *"Todo comenzó hace una semana y media (o hace diez días) cuando me senté en mi escritorio a escribir un guion"*.

Esas palabras son el "ingrediente secreto" del guion de los diez días. No sé de dónde vinieron ni cómo supe que debía escribirlas, pero cambiaron todo. Aunque puede sentirse fingido y raro cuando escribes como si se tratase de diez días en el futuro, las frases "todo comenzó hace diez días" y "todo comenzó hace semana y media cuando me senté a escribir mi guion" evocan algo poderoso que te centra en la magia de los guiones de inmediato. Es "la poderosa frase clave del guion de los diez días". A partir de ahí, solo hay que dejarlo fluir.

Todos tenemos distintas maneras de escribir en distintas situaciones. Yo jamás escribiría un libro de la misma forma en que escribo mi diario. Mi cuaderno de manifestación y mi diario son como cartas divertidas a un amigo, mi yo del futuro, y son muy casuales y tontas. Ese es mi estilo y por eso intento escribir mis guiones diarios o de diez días en el mismo estilo que mi diario. Eso lo hace sentir más real y creíble.

Luego de escribir la frase clave del guion de los diez días, continué, pero no de manera rígida. Si me sentía bien diciendo que algo había pasado ese lunes, lo escribía. Lo mismo se aplicaba si sabía que en ese período de diez días tendría una cita, una reunión o lo que fuera. Es importante tener en cuenta que NO tienes que escribir de todos los días durante esos diez días; simplemente escribe con libertad. El guion de los diez días entero debería tener entre seis o siete páginas de escritura libre, hasta ocho páginas si te sientes inspirado.

Agregué en mi guion todo tipo de cosas geniales de mi lista diaria de deseos. Puse que mi promotor me había llamado para decirme que tenía una audición para *Los hechiceros de Waverly Place* sin asignarle un día en específico, tan solo escribí que sucedió. Escribí que me habían convocado "al día siguiente", igualmente sin asignarle un día. También escribí que había obtenido el papel.

Escribí otros detalles de mis diez días que fuesen realistas, pero que empujaran el límite, de manera positiva, de mi lista diaria de deseos. Esa semana me cambié a una agencia de talentos más grande y prestigiosa, así que incluí en el guion de diez días que todas las reuniones habían transcurrido increíblemente bien. Escribí cosas sobre mi familia, amigos y mi vida hogareña, cubriendo todos los ámbitos.

Cerré mi cuaderno de manifestación y me fui a la cama a ver televisión por algunos minutos. Luego, saqué mi diario normal y escribí sobre mi día, tal como lo hacía todas las noches. Era el 23 de julio de 2007. El 25 de julio, *ni siquiera cuarenta y ocho horas después de haber escrito mi primer guion de los diez días*, me llamó mi promotor para decirme que tenía una audición para el papel de estrella invitada de *Los hechiceros de Waverly Place*.

Si no estás familiarizado con "el medio televisivo", te diré un secreto que no muchos saben: los actores son convocados para el mismo programa muchas veces para cada tipo de papel: desde papeles de una sola línea de diálogo, hasta arcos de diez episodios y papeles regulares a tiempo completo. En un mismo día, un actor podría hacer una audición para una película de Steven Spielberg y para una telenovela; es así de amplio y al azar. El hecho de que esta no fuese una simple audición para *Los hechiceros de Waverly Place* en Disney Channel, sino para un papel como estrella invitada era confirmación de que el guion de los diez días funcionaba. Estaba manifestando mi intención exacta.

Esa semana continué con mi rutina de escribir el guion matutino y el diario nocturno. El lunes escribí mi guion de los diez días y el miércoles me llamaron para decirme que tenía la audición de Disney Channel. Fui a la audición el jueves, la cual me confirmaron el viernes diciéndome que debía asistir el lunes. Esto me hizo preguntarme: ¿escribo de nuevo el 3 de agosto, exactamente diez días después de mi guion de los diez días original?

Aunque seguí escribiendo todos los días el guion matutino y diario nocturno, sentía que debía reescribir el guion de diez días antes de que mi convocatoria del lunes, 30 de julio. Ese sentimiento de urgencia y problemas con mi pareja me impulsaban a escribir otro guion apenas una semana después de mi primer guion de los diez días. Decidí hacer mi segundo guion de los diez días el domingo por la noche, después de clases.

Aunque parezca un poco extraño, hacer un guion de los diez días cada siete días resultó ser lo mejor. Ese 29 de julio, después de clases de actuación, me senté y escribí la fecha del día siguiente, 30 de julio de 2007, solo para experimentar si eso generase alguna diferencia significativa. Luego, como hice la semana anterior, escribí la instrucción que quería darle a mi vida:

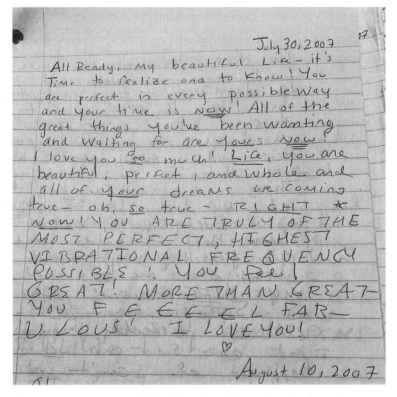

Fig. 5.1. Guion de los diez días del 30 de julio de 2007

Como puedes ver en la imagen, luego le puse la fecha del 10 de agosto de 2007, once días después para experimentar a ver si funcionaba. Hasta ese momento, todos los ajustes y cambios que había hecho en mi rutina habían resultado positivos y me sentía "bien" probándolo de esa manera.

Comencé la parte del guion, debajo de la fecha de once días después, con una página y media escrita a mano, describiendo acontecimientos positivos de los "pasados" diez días, seguido de la "poderosa frase clave". Escribí todo tipo de cosas maravillosas que "habían pasado" durante esa semana y media. Pude hacer ajustes para adaptarme a la narrativa de las cosas que ocurrieron durante la semana anterior, así como acomodar cualquier cosa del guion original que no estuviese funcionando o que necesitase empuje energético.

Yo tenía diecinueve años, así que escribía cosas cursis. Aunque sigo escribiendo cosas cursis, con los años he perfeccionado mi escritura de guiones y he refinado un poco el principio de estos. Tú encontrarás tu propia manera de hacerlo. Lo importante es entender cómo surgió el guion de los diez días. En la página 68, podrás ver cómo lucía la primera página y media escrita bajo la fecha futura. Dejé las mayúsculas, la ortografía y gramática original porque así es como escribía en mi diario cuando me pasaban cosas buenas.

---

10 de agosto de 2007

¡Ay vida mía, fantástica y espléndida vida mía! ¡Vaya! ¡Estoy VIBRANDO, y me refiero a que estoy VIBRANDO TAN BIEN Y TAN ALTO! ¡HABLO EN SERIO CUANDO DIGO que las últimas dos semanas han transcurrido tan bien, y los últimos once o doce días han sido los días más perfectos que he visto! ¡Amo mi vida en todas sus facetas y de todas las maneras posibles en las que posiblemente puedo! ¡Las cosas son tan perfectas y mi vida está tan LLENA ahora mismo! ¡Cada anhelo, cada sueño que hubiese podido anhelar y soñar están aquí EN MI VIDA AHORA MISMO! ¡Ay, estoy tan lleno de alegría y TAN, TAN feliz! ¡No puedo esperar para contarte sobre mis preciosas, mágicas y perfectas experiencias desde la clase del 29 de julio! Ok, está bien, esa semana ya iba a ser perfecta. Sabía que tendría audiciones grandiosas y que vendrían llamadas y que las cosas estaban maravillosas otra vez con mi pareja. ¡Allí comenzaré! Fui a casa de mi novio ese domingo en la noche luego de escribir un perfecto guion de 7 páginas, y él fue tan maravilloso conmigo.

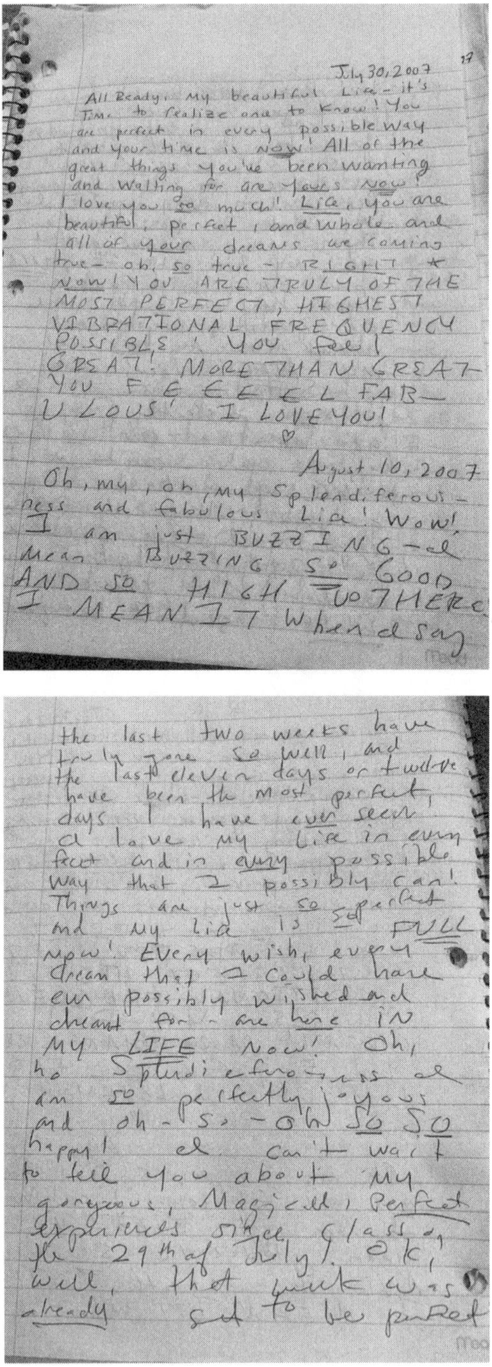

July 30, 2007

All Ready: My beautiful Lia – it's Time to realize and to know! You are perfect in every possible way and your time is Now! All of the great things you've been wanting and waiting for are yours Now! I love you so much! Lia, you are beautiful, perfect, and whole and all of your dreams are coming true – oh, so true – RIGHT NOW! YOU ARE TRULY OF THE MOST PERFECT, HIGHEST VIBRATIONAL FREQUENCY POSSIBLE! YOU feel GREAT! MORE THAN GREAT YOU FEEEEL FAB– ULOUS! I LOVE YOU!

♥

August 10, 2007

Oh, my, oh, my, oh my splendiferous-ness and fabulous Lia! Wow! I am just BUZZING – I mean BUZZING so GOOD AND SO HIGH UP THERE I MEAN IT when I say the last two weeks have truly gone so well, and the last eleven days or twelve have been the most perfect days I have ever seen! I love my life in every facet and in every possible way that I possibly can! Things are just so perfect and my life is so FULL now! Every wish, every dream that I could have ever possibly wished and dreamt for – are here IN MY LIFE NOW! Oh, ho splendiferousness I am so perfectly joyous and oh-so-oh SO SO happy! I can't wait to tell you about my gorgeous, magical, perfect experiences since class on the 29th of July! Ok, well, that week was already set to be perfect

Fig. 5.2. El Guion de los diez días

Esto hizo que el guion cambiase a un tono que sonara menos como Willy Wonka y más como un diario. Mi intención es que entiendas lo importante que es usar la primera página y media del principio de tu guion de los diez días para lubricar los engranajes y ubicar tu mente en un lugar maravilloso antes de escribir la poderosa frase clave (PFC). Una vez escribas la PFC, ya estarás oficialmente alterando el tiempo y el futuro, ¡así que esta primera página y media de *rá-rá-rá* es importante!

Abajo verás un ejemplo de lo que pudieses escribir y que funcionaría igual de bien para la primera página y media escrita a mano. No te preocupes mucho por lo largo, aunque luego de años de pruebas, esta parece ser la cantidad mágica a la cual apuntar. A partir de ahí, puedes continuar escribiendo sobre los acontecimientos ocurridos durante los diez días anteriores. En los próximos capítulos detallaré cómo se verá eso.

---

6 de noviembre de 2024

¡Vaya! No puedo empezar a describir lo fantástico que me siento en todas las maneras posibles. ¡Me encuentro sonriendo todo el tiempo, y mi experiencia de vida me muestra momento tras momento lo maravillosamente altas que están mis vibraciones! La vida es tan buena para mí en este momento y todo parece haberse trasladado a un punto ideal, ¡siento como si fuese mi cumpleaños y Navidad a la vez! A todo lugar que voy, la magia ocurre. Me voy a dormir sintiéndome tan, tan, tan bien y me despierto sintiéndome vivo y lleno de energía positiva. Todos y todo a mi alrededor también operan en esta frecuencia increíble, puedo sentir y ver la felicidad que emana de todo. Adoro lo maravilloso que me siento, ¡de verdad se siente genial sentirse genial! Esta ha sido una semana y media tan emocionante, y TANTAS COSAS BUENAS han pasado… ¡que no sé ni por dónde empezar! Todo comenzó hace unos diez días, el 27 de octubre, ¡cuando me senté y escribí un maravilloso guion de más de seis páginas!

Una vez que escribí el segundo guion de los diez días esa noche crucial del domingo, la semana siguiente me quedé sin palabras. Al otro día, escribí mi guion diario matutino. La convocatoria que recibí de Disney Channel transcurrió exactamente como la había escrito: perfecta. Nunca me había sentido tan confiado de leer para ejecutivos como en ese lunes tan maravilloso.

El martes tuve otras dos audiciones para dos películas y clases particulares. Los problemas de mi relación empezaron a sanar por arte de magia. Luego, el miércoles 1 de agosto de 2007, obtuve exactamente lo que había escrito: el papel de estrella invitada en *Los hechiceros de Waverly Place*, de Disney Channel.

Poniéndolo en perspectiva:

24 de mayo de 2007: creo el arte del guion diario.

23 de julio de 2007: tengo mi "golpe de motivación" y empiezo el guion de los diez días, al que le pongo fecha del 3 de agosto de 2007. Escribo sobre obtener una audición para el papel de estrella invitada principal de una comedia de Disney Channel.

25 de julio de 2007: obtengo una audición para el papel de estrella invitada principal de la comedia de Disney Channel *Los hechiceros de Waverly Place*.

26 de julio de 2007: tengo una audición para el papel de Manny en *Los hechiceros de Waverly Place*.

27 de julio de 2007: me llaman para decirme que el siguiente lunes tengo una convocatoria para el papel.

29 de julio de 2007: escribo mi segundo guion de los diez días, esta vez poniéndole la fecha del 10 de agosto de 2007, con muchos más detalles ya que habían ocurrido muchas cosas.

30 de julio de 2007: voy a mi convocatoria de Disney Channel.

1 de agosto de 2007: recibo la llamada que me informa que obtuve el papel de estrella invitada principal de *Los hechiceros de Waverly Place*.

3 de agosto de 2007: recibo el guion completo del primer episodio de *Los hechiceros de Waverly Place*. ¡Esta es la fecha exacta que había escrito en mi primer guion de los diez días!

6 de agosto de 2007: tengo mi primer día de ensayos en el set del estudio.

10 de agosto de 2007: grabo mi episodio como estrella invitada principal de *Los hechiceros de Waverly Place* en vivo frente a una audiencia que incluye a mi familia (que había viajado para verme), mi coach de actuación y mis amigos.

Literalmente, había escrito *con la fecha exacta* un guion de todo mi recorrido, desde el momento en que todavía no estaba en Disney Channel hasta convertirme en la estrella invitada principal de una de sus comedias más importantes, ¡mediante la combinación de los guiones diarios y mi guion de los diez días! Otra acotación divertida sobre lo sorprendente de las fechas que mencioné antes: el episodio de *Los hechiceros de Waverly Place* en el que estuve, y sobre el que escribí en mi guion, salió al aire el 10 de julio de 2008, casi exactamente un año después de la fecha en la que escribí mi primer guion de los diez días, es decir, el 23 de julio de 2007.

He aquí algunas fotografías mías en el set de *Los hechiceros de Waverly Place*, firmando autógrafos luego de la primera grabación y divirtiéndome con Selena Gómez y Jake T. Austin:

Fig. 5.3. Jake, yo y Selena

Fig. 5.4. Firmando autógrafos

Fig. 5.5. Payaseando en los camerinos

Ahora, ¿puedes imaginar qué hubiera pasado si le hubiese contado a cualquiera de ellos lo que hice para llegar allí? Pienso que se hubieran burlado de mí en el set. Pero después supe que yo no era el único en Hollywood que empleaba el nuevo pensamiento y toda esta cosa mística para ayudarse a alcanzar sus sueños. Pero ¿escribir guiones? En eso sí era el único, y funcionaba tan bien que la gente empezó a darse cuenta de que algo pasaba y querían saber cuál era mi secreto.

Quiero hacer una pausa aquí para dirigirme a cualquier escéptico que diga: "Pero espera un momento, ¡ya estabas viviendo en Los Ángeles! ¡Tenías agentes y un promotor! ¡Estabas teniendo audiciones para películas grandes y programas de televisión y obteniendo papeles! ¿Te has detenido a pensar que tal vez todo eso pasó por tu talento y no por tu 'trabajo de manifestación'?".

Esa es una pregunta válida. Y es cierto que tengo talento. Sin embargo, cualquiera que haya intentado convertirse en un actor profesional te dirá que el talento no significa nada en esta industria. Esto es un negocio difícil. Asimismo, *la única razón por la que estaba en Los Ángeles, habiendo crecido en un suburbio de Filadelfia, era gracias a las herramientas y trucos de manifestación que había aprendido de pequeño de mi familia.* Por supuesto que el talento juega un papel importante, pero yo tenía entrenamientos cinco días a la semana, iba a clases y, aun así, apenas obtenía una de cientos de audiciones a las que iba.

Aunque nunca dejé que eso me desilusionara, empleé la experiencia para perfeccionar mis habilidades de manifestación. Ya sabía qué hacía bien lo "normal", así que ¿por qué no probar la ley de atracción y del pensamiento positivo para comprobar qué servía y qué acertaría? Aunque la mía no es una ocupación convencional, la actuación es mi experiencia de vida, así como lo es dirigir documentales, producir y escribir para publicaciones y medios importantes.

Atribuyo el ser capaz de hacer las cosas que hago a mi trabajo con el nuevo pensamiento. Tienes que escribir de lo que sabes y, como esa es mi verdad, es lo que puedo ofrecerles a mis lectores. Una vez que descubrí el dos-por-uno del guion diario y del guion de los diez días, mi carrera y mi mundo entero se abrieron como una especie de explosión y llegaron numerosas oportunidades cuando antes no había ninguna.

Lo único que me molestaba en ese entonces era *¡saber cómo demonios es que esto funcionaba!* Me encantaba que lo de los guiones sirviera, pero también me extrañaba que funcionara tan bien, en cada oportunidad. Necesitaba saber el cómo y el por qué.

Capítulo seis

¿Por qué esto funciona?

La ciencia es solo magia que funciona.
KURT VONNEGUT, *CAT'S CRADLE*

ENTONCES, ¿CÓMO O POR QUÉ funcionan los guiones? La información incluida en este capítulo normalmente no está en los libros sobre manifestación, pensamiento positivo o nuevo pensamiento: este capítulo se trata de ciencia.

Cuando se trata del mundo de la manifestación y el de la ciencia, hay algo que siempre me ha sorprendido: mientras que la mayoría de los estudiantes y maestros del nuevo pensamiento y de la manifestación o de la creación de su propia realidad buscan con ansias evidencia científica para respaldar sus afirmaciones; el mundo de la ciencia a menudo se ha protegido de las ideas del nuevo pensamiento, hasta que todo empezó a derrumbarse en el mundo científico. Hoy en día tenemos físicos y científicos publicando escritos en prestigiosas revistas científicas como *Nature* y otras publicaciones con títulos como los siguientes:

"Físicos apoyan teoría cuántica de la retrocausalidad según la cual el futuro influye en el pasado"[1].
"En el reconocimiento de la palabra hablada, el futuro predice el pasado"[2].

"La realidad no existe, sino hasta que la medimos, confirma un experimento cuántico"[3].

Y nos encontramos con titulares de prensa reales, como estos:

"¿Es nuestro mundo una simulación? Algunos científicos dicen que es muy probable"[4].

"Los mundos paralelos existen y pronto podrán comprobarse, afirma un experto"[5].

Y quizá mi favorito:

"¿Vivimos en una simulación computarizada?"[6].

Eh... disculpa, Ciencia... ¿Qué es lo que pasa?

Soy un investigador de corazón; sé que es un pasatiempo extraño, pero me ha llevado a lugares fascinantes. La pasión por la investigación surge de haber crecido como actor ya que es esencial adentrarnos en cada aspecto de los personajes y su mundo. Y los viejos hábitos son difíciles de dejar, en especial cuando se trata de algo tan engranado en el tejido de mi ser. A través de los años, ese hábito de investigación me condujo de manera natural por un maravilloso camino de descubrimiento. Nuevos datos revolucionarios, teorías e investigaciones de todo tipo de temas, desde la mente humana hasta el concepto del tiempo, han puesto a prueba nuestro entendimiento sobre dónde yace la frontera entre la ciencia y la magia.

Cuando hablo de "magia" no me refiero a lo oculto ni a brujería. La palabra *magia* es tan incomprendida y se ha abusado tanto de ella que hace falta ver la definición en el diccionario Oxford para recordar que significa "el poder de, aparentemente, influir en acontecimientos al emplear fuerzas misteriosas o sobrenaturales". El diccionario define el adjetivo *mágico* como "tener o aparentemente contar con poderes sobrenaturales".

Fíjate como la palabra sobrenatural aparece en ambas definiciones. Esa es otra palabra incomprendida que a menudo se asocia a películas de terror y a lo oculto. El diccionario Merriam-Webster define *sobrenatural* como "perteneciente o relacionado con un orden de existencia más allá del universo visible y observable" o "partir de lo que es usual o normal de tal manera que pareciera trascender las leyes de la naturaleza".

Fijémonos en la segunda definición de la palabra sobrenatural y dividámosla en dos partes. En primer lugar, "partir de lo que es usual o normal" indica que algo sobrenatural es algo que *no esperamos* ver o experimentar en nuestra vida diaria. Y la segunda parte dice "de tal manera que pareciera trascender las leyes de la naturaleza". Algo sobrenatural no es algo que trasciende las leyes de la naturaleza, solamente pareciera que lo hace. ¡Es muy diferente! En las décadas pasadas la ciencia nos ha demostrado en repetidas oportunidades como las cosas que aparentan trascender las leyes de la naturaleza funcionan de verdad. Con el tiempo descubrimos nuevas leyes o nos damos cuenta de que no entendemos bien las leyes que tan desesperadamente quisimos impulsar.

La primera definición de sobrenatural afirma que es algo relacionado "con un orden de existencia más allá del universo visible y observable". De eso se trata: los humanos ansiamos creer que sabemos todo y que hemos descubierto todo y, si no tenemos explicación para algo, de forma automática lo consideramos irreal, un engaño o un fantasma.

Pero con la llegada de la inteligencia artificial, la mecánica cuántica, la memética y otras ciencias revolucionarias, hemos tenido que enfrentarnos a una realidad muy emocionante o fría y escalofriante, depende de tu perspectiva. En verdad, casi nunca tenemos idea de lo que pasa a nuestro alrededor.

Lo anterior puede parecer dicho a la ligera, pero yo no soy un científico, sino un gran fanático y observador. Soy una persona curiosa, obsesionada con investigar la convergencia de la manifestación/el nuevo pensamiento y la ciencia. No te mentiré, se vuelve muy extraño. Por eso, cuando se trata de ciencia, debes decidir si crees en la magia. Pero ahora podemos usar las definiciones del diccionario y crear una mejor definición de la palabra magia, a efectos de este libro.

Gracias a nuestros amigos de Oxford y Merriam-Webster, podemos decir que la palabra *magia* significa "el poder de influir en eventos empleando fuerzas relativas a un orden de existencia más allá del universo visible y observable, que trasciende las leyes naturales que se entienden en la actualidad".

Y podemos definir el adjetivo mágico como "tener o aparentemente contar con poderes que aún no comprendemos, que trascienden las leyes naturales como las entendemos en la actualidad".

Cuando empieces a implementar la escritura de guiones en tu vida diaria, experimentarás lo que el resto de la gente que observa tu vida seguramente llamará "magia". Eso se debe a que, al traer esta habilidad sencilla y transformadora a tu vida, crearás y manifestarás cosas que nunca habías creído posibles. En los próximos capítulos, intentaré explicar la ciencia actual que ayuda a aclarar qué ocurre con la escritura de guiones. Esa es una clave crucial para el futuro del nuevo pensamiento, y para ti también, como alguien que utiliza en su vida diaria herramientas como los guiones.

Todavía no tengo todas las respuestas, tampoco los científicos, pero te prometo lo siguiente: al igual que los años que me llevaron descubrir la clave para hacer que los guiones funcionasen, me estoy acercando a descifrar el "cómo" de todo esto. Aún no estoy allí en un 100%, pero mi conocimiento actual es suficiente para escribir estos capítulos concisos. Mi próximo libro será un análisis más profundo de lo que cubriremos aquí de manera superficial.

Escribir guiones e implementar cosas como la lista diaria de deseos y la lista de creencias funciona bien. No a todos les interesa la mecánica del cómo o por qué funciona. Cuando digo que escribir guiones es mágico me refiero a que en el acto de escribir guiones estamos accediendo a un poder que aún no está definido por las leyes naturales que conocemos en este momento. Todos los días, nuevas tecnologías y ciencias emergen que amplían los límites de aquello que creíamos posible. Como dijo una vez Arthur C. Clarke: "Cualquier tecnología lo suficientemente avanzada no se distingue de la magia".

En realidad, todo se trata de ti, y de cómo aplicas estos métodos relativamente fáciles a tu vida. Soy el primero en admitir que la vida apesta a veces, y para muchos, apesta por años. Aun sabiendo todo lo que sé y de haber crecido en un hogar espiritual que me enseñó el milagro de "crear mi propia vida", me he salido del camino. Soy humano, cosas malas pasan, pero siempre recupero el rumbo. En momentos cuando las cosas iban bien y el 99,999% del mundo aprobaría que me saliese del carril un poquito, me mantuve firme y decidido. Tuve que salirme y caerme algunos cientos de veces antes de aprender que uno NO suelta las riendas cuando ya las ha tomado por completo.

Por siglos, la gente ha sabido que hay algo más en el mundo que afecta nuestras vidas. Primero la llamaron magia, después la llamaron el poder de la atracción. Existen muchos científicos que han logrado descifrar parte de ello, y poco a poco están mostrando la ciencia detrás de lo que llamamos magia. Es algo bastante increíble y explica mucho de lo que experimentamos como magia y milagros. Soy un *nerd* de la ciencia y estoy obsesionado con averiguar por qué tantas de estas cosas raras funcionan y cómo podemos mejorarlas para hacer que funcionen incluso mejor.

Pero he aquí lo siguiente: cuando me senté a escribir este libro, tuve que escoger. ¿Debería escribir un centenar de páginas adicionales mostrándote toda la ciencia que he investigado que respalda todos los ingredientes de la maravillosa receta que estás aprendiendo a preparar, a comer y a disfrutar? ¿Debería mostrarte dónde se cultivan los vegetales, qué tipos de semillas se usan y por qué? ¿De verdad necesitas saber la acidez y alcalinidad del suelo, saber la temperatura del sol al momento de sembrar las semillas, o por qué el aire, el suelo y el sol hacen que la semilla germine y se transforme en un vegetal? O... simplemente, ¿te doy los ingredientes y en otro libro te hablo de la ciencia? Decidí un punto intermedio: darte la receta para ver si te gusta la sopa y también una muestra de lo que hace todo esto posible, tal como yo lo entiendo.

Creo que es importante entender al menos un poco de lo que hace que la escritura de guiones funcione tan bien, ya que es bastante motivador. Si quieres un libro de ciencia, este es el lugar para comenzar.

MECÁNICA CUÁNTICA
PARA DUMMIES

Sigue tu pasión. Sé honesto contigo mismo. Nunca sigas el camino de alguien más, a menos que estés perdido en un bosque y halles un camino: desde luego, síguelo.

ELLEN DEGENERES

Estoy bastante seguro de que dejaré en shock a la mitad de mis lectores en las próximas páginas. Antes de adentrarnos, quiero decir que, en la actualidad, la "ciencia que explica la ley de la atracción" es la física cuántica, y estoy cansado de esta realidad.

Nos referiremos a la física y mecánica cuántica brevemente porque es necesario. No es que la física cuántica no tenga un lugar en todo esto, definitivamente lo tiene. Lo que resulta frustrante es la aparente disposición o ignorancia de muchos maestros a escoger solo lo que se aplica y dejar de lado lo que no, cuando se trata de la física cuántica y de la manifestación. Aunque no soy científico ni físico cuántico, soy un fanático al que le gusta sumergirse en esas aguas para tratar de entender mejor el mundo que nos rodea. Así que mojémonos un poco los pies en este campo de la mecánica cuántica, sin ser muy selectivos.

A menudo se usan los términos *física cuántica* o *mecánica cuántica* separadamente; sin embargo, los científicos han acordado que ambos términos son intercambiables. Para nuestros fines, usaremos mecánica cuántica. ¿Pero qué es exactamente la mecánica cuántica? Un artículo de Robert Coolman, publicado en *Live Science*, lo explica mejor:

La mecánica cuántica es la rama de la física relativa a lo muy pequeño. Resulta en lo que pueden parecer conclusiones muy extrañas sobre el mundo físico. En la escala de los átomos y electrones, muchas de las ecuaciones de la mecánica clásica que describen cómo las cosas se mueven a velocidades y tamaños convencionales, dejan de ser útiles. En la mecánica clásica, los objetos existen en un lugar y tiempo específicos. Sin embargo, en la mecánica cuántica, los objetos existen en un halo de probabilidad, tienen cierta oportunidad de estar en el punto A, otra oportunidad de estar en el punto B, y así sucesivamente[7].

En la mecánica cuántica los científicos estudian lo muy, muy, muy, muy, muy pequeño. Observan partículas subatómicas y átomos, investigan sobre ellas y hacen experimentos. Luego, como nada tiene sentido y cada uno tiene nuevos resultados y teorías, los científicos discuten de manera pública a través de escritos y artículos revisados por otros científicos. Nadie se pone de acuerdo en qué es lo que pasa, solo en que *algo* pasa.

Los dos temas que escucharás a menudo cuando leas sobre mecánica cuántica son "el experimento de la doble rendija" y el "entrelazamiento cuántico", ya que ambos son populares entre los maestros del nuevo pensamiento y de la manifestación.

EL EXPERIMENTO
DE LA DOBLE RENDIJA

El experimento de la doble rendija es cuando los científicos disparan una partícula hacia una pared sólida con dos rendijas o cortes (ver imagen en la página 82).

¿Por qué nos importa que un pequeño electrón sea disparado a una pared con dos hoyos en ella? El experimento de la doble rendija o dos rendijas se llevó a cabo por primera vez a principios del siglo XIX por Thomas Young, usando rayos de luz. Young descubrió que cuando la luz pasaba a través de las dos rendijas, en vez de formarse una imagen con dos líneas en la pared tras ella, la luz producía una especie de patrón con interferencias.

En la década de 1920 Niels Bohr halló que las partículas fundamentales (en su caso, los electrones) tenían propiedades ondulato-

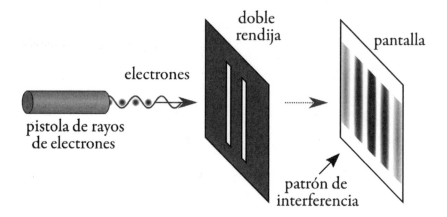

Fig. 6.1. Experimento de la doble rendija (imagen de NekoJaNekoJa y Johannes Kalliauer)

rias, imitando los resultados del experimento original que empleaba luz. Este experimento se amplió en la década de 1950, cuando David Bohm presentó la hipótesis de que los objetos cuánticos que se observaban a través del rayo de luz eran *tanto ondas como partículas.* Las cosas se pusieron más raras en la década de 1970, cuando los científicos comenzaron a disparar un electrón a la vez a través de las dos rendijas. Ese único electrón, en vez de "escoger" por cuál rendija pasar, asombró a los científicos al producir igualmente un patrón con interferencia. *En otras palabras, el único electrón que se disparó hacia las dos rendijas, de alguna manera pasó por ambas rendijas a la vez y produjo un patrón con interferencia.* En esencia, el electrón hizo interferencia consigo mismo.

Aunque al oírlo por primera vez no parezca emocionante, este experimento creó uno de los debates más intensos de la historia científica. Lo que lo hacía particularmente interesante no era *qué* había pasado, sino *por qué* pasaba. Los científicos estaban desconcertados, ya que no podían explicar este gran evento: la partícula única estaba en dos lugares a la vez. Algunos decían que, si esto pasaba a la escala más pequeña, entonces era posible que pasara a cualquier escala, incluso a escala humana.

Esta idea le abrió la puerta a la ciencia para comenzar a hablar seriamente sobre la posibilidad de la existencia de universos paralelos. Los experimentos de los años 50 condujeron a algo llamado "la teoría de los mundos múltiples".

LA TEORÍA DE LOS MUNDOS MÚLTIPLES PARA DUMMIES

Wikipedia tiene una de las descripciones de la teoría de los mundos múltiples más fáciles de entender:

> La interpretación de los mundos múltiples es una interpretación de la mecánica cuántica que sostiene la realidad objetiva de la función de onda universal y niega la realidad del colapso de la función de onda. *Los mundos múltiples implican que todas las historias y futuros alternativos posibles son reales, cada uno representando un "mundo" o "universo" real. En palabras sencillas la hipótesis afirma que hay un gran número (quizá infinito) de universos, y todo lo que pudo haber ocurrido en nuestro pasado pero que no ocurrió, ha ocurrido en el pasado de otro universo o universos* [énfasis añadido]. La teoría es también llamada IMM, la formulación del estado relativo, la interpretación de Everett, la teoría de la función de onda universal, la interpretación de los universos múltiples, la teoría del multiverso o simplemente mundos múltiples[8].

Una manera sencilla de abordar la teoría de los mundos múltiples es imaginarte en una mesa con una naranja y una manzana frente a ti. Diremos que tienes dos opciones: comerte la manzana o comerte la naranja. En realidad, tienes millones de opciones, desde no comerte ninguna fruta o cortarte la mano cuando piques la manzana, pero mantengámoslo simple. Digamos que la teoría de los mundos múltiples es cierta. Lo que esto significa es que, aunque en tu realidad actual decidas comerte la manzana, en otra versión que está ocurriendo al mismo tiempo escoges comerte la naranja.

Digamos que en la dimensión que decides comerte la naranja descubres que tienes alergia a los cítricos. En esa realidad, sufriste un shock anafiláctico y te llevaron al hospital. En la dimensión que te comiste la manzana, no te has percatado de tu alergia a los cítricos. En el "mundo de la manzana" sigues tu vida con normalidad, mientras que en el "mundo de la naranja" terminas pasando la noche en el hospital, interrumpiendo tu agenda de la semana.

Digamos que en el mundo de la naranja las cosas vuelven a una normalidad relativa, casi igual que en el mundo de la manzana, pero... ya no son totalmente iguales. En un mundo, descubriste que eras alérgico a las naranjas, y en el otro no lo sabes. Esto genera aún más posibilidades de otros mundos. Quizás en el mundo de la naranja tendrás la opción de ir al médico para realizarte una prueba de alergias completa; en una versión de ese mundo eliges ir al médico, en otra, eliges no ir. ¿Ves hacia dónde va todo esto? Los científicos de la mecánica cuántica que apoyan la teoría de los mundos múltiples creen que estas dimensiones paralelas operan todas a la vez, avanzando juntas en el tiempo.

LA INTERPRETACIÓN DE COPENHAGUE Y LOS GATOS

El problema con la teoría de los mundos múltiples es que es solo eso, una teoría. Sin embargo, es persistente y los científicos siguen recurriendo a ella cuando tratan de explicar experimentos cuánticos. En la mitad de la década de 1920, cuando el estudio cuántico estaba entrando en su apogeo, pero antes de que surgiera la teoría de los mundos múltiples, se propuso algo conocido como "la interpretación de Copenhague".

La interpretación de Copenhague de la mecánica cuántica fue expuesta en principio por Bohr y su colega investigador Werner Heisenberg. Esta afirma:

Los sistemas físicos en general no cuentan con propiedades definidas antes de ser medidas [énfasis añadido], y la mecánica cuántica solo puede predecir las probabilidades de que las medidas arrojen cier-

Fig. 6.2. La interpretación de Copenhague
(imagen de Dhatfield)

tos resultados. El acto de medir afecta el sistema, causando que se reduzca el conjunto de probabilidades a un solo valor posible inmediatamente después de la medición. Esta característica se conoce como colapso de la función de onda[9].

Este método de la física cuántica, que suele enseñarse a menudo, afirma que los sistemas físicos como los electrones u ondas de luz no tienen propiedades definidas *sino hasta que se les mide*. Esta corriente del pensamiento enseña que el *acto de medir afecta el resultado*.

Los críticos de la interpretación de Copenhague incluyen a Erwin Schrödinger, amigo de Einstein. Schrödinger ingenió un experimento mental llamado "el gato de Schrödinger", para demostrar lo que él consideraba absurdo en la visión del tiempo de la mecánica cuántica. A muchos científicos no les gustaba la idea de que las ondas o partículas fuesen "nubes", sino hasta que se les midiese u observase, punto en el cual el estado de lo desconocido se transforma en realidad.

El experimento mental era algo como esto: se coloca un gato, un frasco de veneno y una fuente radioactiva en un contenedor de acero con un contador de Geiger interno, para detectar la radiación. Cuando esta se detecta, el frasco se agita, liberando el veneno y matando al gato. Schrödinger discutía que según la interpretación de Copenhague el gato estaría, por un período determinado, vivo y muerto al mismo tiempo, hasta que lo viéramos. Una vez que lo mirásemos, el gato estaría o vivo o estaría muerto, pero no ambas al mismo tiempo.

EL EFECTO DEL OBSERVADOR Y MARAVILLAS ENTRELAZADAS

Schrödinger no estaba solo en sus críticas hacia la interpretación de Copenhague. Muchos científicos no se sentían satisfechos (y aún no lo están) con el hecho de que muchas veces durante los experimentos cuánticos, parecía que el observador afectaba el resultado. Eso se conoce como "el efecto del observador".

En 1998, investigadores del Instituto Weizmann llevaron a cabo experimentos bajo circunstancias extremadamente controladas que mostraron con claridad que, *mientras más se observaba un rayo de electrones, más influía el observador sobre lo que ocurría.*

Un artículo de la publicación *ScienceDaily* lo resume muy bien:

Cuando un "observador" cuántico vigila, la mecánica cuántica afirma que las partículas también pueden comportarse como ondas. Esto puede ser cierto para electrones a nivel submicrónico, es decir, a distancias de menos de una micra o una milésima de milímetro. Cuando se comportan como ondas, pueden pasar simultáneamente a través de varias aberturas de una barrera y luego encontrarse de nuevo al otro lado de esta. Este "encuentro" se conoce como interferencia.

Aunque pudiese parecer extraño, la interferencia solo puede ocurrir cuando nadie está mirando. *Una vez que un observador empieza a ver que las partículas pasan por las aberturas, la imagen cambia dramáticamente: si una partícula puede verse a través de una abertura específica, está claro que no atravesó otra. En otras palabras, cuando están bajo observación, los electrones "se ven*

*obligados" a comportarse como partículas y no como ondas. Por lo
tanto, el simple acto de observar afecta los hallazgos experimentales*
[énfasis añadido][11].

Otro fenómeno de la mecánica cuántica, contradictorio, comprobable científicamente, pero todavía incomprendido, es lo que se conoce
como "entrelazamiento cuántico". Este fenómeno consiste en que dos
partículas, aunque estén separadas entre sí por miles de millones de
años luz, pueden ocasionar cambios una a la otra. Si se le hace algo
a una partícula, la otra partícula "entrelazada" reaccionará en conse-
cuencia. En la década de 1960, el físico John Bell comprobó que estos
cambios pueden ocurrir de inmediato, a pesar del hecho aparentemente improbable de que se estuviesen comunicando o interactuando
mucho más rápido que la velocidad de la luz. Incluso Einstein, quien
probó que la información no puede viajar más rápido que la velocidad
de la luz describió el entrelazamiento cuántico como "una acción aterradora a distancia". (Nota al margen: Einstein no era fanático de la
teoría cuántica; él sabía que algo no estaba del todo bien. Hablaremos
de eso más adelante).

Los experimentos que prueban el entrelazamiento continúan hasta
hoy. Solo en 2015, tres grupos de investigación diferentes pusieron a
prueba la teoría, y los tres encontraron apoyo a la idea básica del entrelazamiento cuántico[12]. El problema con el entrelazamiento es que tiene
lagunas, al igual que la mayoría de las teorías cuánticas antes explicadas,
y a la ciencia no le gustan las lagunas.

Y ENTONCES…
TODO CAMBIÓ (OTRA VEZ)

La parte más importante de toda esta ciencia que se relaciona con la
escritura de guiones es *la noción del tiempo*. En los tiempos actuales,
las cosas se mueven y cambian mucho más rápido que durante el siglo
pasado. En el mismo año 2015 en que grupos de científicos se asegura-
ron de que el entrelazamiento cuántico se mantenía en teoría y en expe-

rimento, otro grupo de científicos que estudiaban el entrelazamiento afirmaron algo impactante: el *futuro influye en el pasado*. He aquí lo que ocurrió:

El primer estudio en salir fue el de un grupo de científicos de la Universidad de Chapman, quienes intentaban comprender mejor qué hacía que el entrelazamiento cuántico fuese posible[13]. Mientras llevaban a cabo estudios y experimentos, plantearon que el *acto* de que una persona midiese una partícula puede influir en las propiedades de dicha partícula *en el pasado*, antes de que la persona eligiese medir la partícula en primer lugar.

Lo que los científicos descubrieron es que, posiblemente, la retro-causalidad es parte de la mecánica cuántica y, en específico, una clave de la teoría cuántica. Pero ¿qué es la retrocausalidad? Es lo opuesto a lo que crecimos creyendo sobre la causa y el efecto. En vez de que primero exista una causa y después un efecto de la causa, la retrocau-salidad dice que el efecto puede ocurrir antes que la causa. Es el equi-valente cuántico a que hoy sientas mucho dolor porque te caíste por una escalera mañana.

Los científicos que trajeron al frente la idea de que el futuro influye en el pasado, basaron su teoría en la "simetría temporal", que es una parte comúnmente aceptada de la física y la ciencia y que involucra dos ideas distintas, pero equivalentes en lo que se refiere a procesos físicos:

1. El hoy es igual al mañana. La idea convencional es que, si las leyes que gobiernan la física no fuesen iguales mañana y hoy, sería impo-sible practicar la física.
2. El futuro es igual al pasado. Esto también se conoce como "simetría temporal", "simetría T" y "simetría de inversión temporal". La sime-tría temporal se aplica a la mayoría de las leyes de la física, incluyendo las de Newton, Einstein y la mecánica cuántica básica.

Los investigadores afirmaron que, si la simetría temporal es un hecho, también lo es la retrocausalidad[14]. En su artículo de *Big Think*, Paul Ratner explica los resultados del experimento:

Los científicos describen un experimento en el cual la simetría temporal requeriría de procesos para tener las mismas probabilidades, aunque estas vayan atrás o adelante en el tiempo. Pero ello causaría una contradicción si no hubiese retrocausalidad, ya que requiere que estos procesos tengan diferentes probabilidades. Lo que muestra el escrito es que ambos conceptos no pueden ser ciertos al mismo tiempo.

Al eliminar la simetría temporal también nos desharíamos de algunos otros problemas de la física cuántica, tales como la incomodidad de Einstein hacia el entrelazamiento, el cual describió como "una acción aterradora a distancia". Vio que había retos hacia la teoría cuántica en la idea de que las partículas entrelazadas o conectadas podrían afectarse entre sí incluso a grandes distancias. De hecho, aceptar la retrocausalidad pudiese permitir una reinterpretación de las pruebas de Bell que se usaron para evidenciar las "acciones aterradoras". En vez de ello, estas pruebas pudiesen respaldar la retrocausalidad[15].

Durante el mismo año en el que salió publicado el estudio de la Universidad Chapman, físicos de la Australian National University (ANU) también probaron que el futuro afectaba el pasado, al replicar lo que alguna vez se pensó imposible: el experimento de elección retardada de John Archibald Wheeler. Este experimento buscaba averiguar si la onda de luz de alguna forma "sentía" el aparato del experimento de la doble rendija y se ajustaba para "encajar" en el estado en el que terminaría o si permanecía indeterminada (sin ser onda ni ser partícula) hasta que se le midiese.

La genialidad de los investigadores australianos fue que pudieron emplear átomos reales (en vez de partículas) para llevar a cabo el experimento. De acuerdo con un artículo escrito por los investigadores y publicado en *Nature*, esa distinción es importante:

La única demostración exitosa de las ideas de Wheeler hasta el momento se ha logrado con fotones únicos. Aquí usamos átomos, lo que es una distinción importante, ya que los átomos tienen muchos grados internos de libertad. Esto permite emparejarse con el ambiente externo a través de, por ejemplo, la sensibilidad del átomo a los campos magnéticos o eléctricos. De igual forma, el átomo tiene una masa significativa, lo que permite un emparejamiento fuerte con los campos gravitacionales. Estas interacciones del átomo con su ambiente son necesarias para que aparezca la decoherencia; por lo tanto, en este sentido, un átomo puede ser considerado una partícula más clásica que un fotón. Como tal, nuestro experimento pone a prueba las ideas de Wheeler en un régimen bajo el cual nunca se habían probado[16].

Los investigadores expulsaron un grupo de átomos de helio hasta que solo quedara uno. En ese punto, hicieron una especie de experimento de doble rendija a la inversa: lanzaron al pequeño átomo de helio a través de una "rejilla" de láseres, que esparcía luz de la misma forma en que lo haría una rejilla sólida. Como lo explica un artículo en el sitio web de la ANU:

> Se añadió al azar una segunda rejilla de luz para recombinar las trayectorias, lo que condujo a interferencia constructiva o destructiva, como si el átomo hubiese seguido ambas trayectorias. Cuando no se añadió la segunda rejilla de luz, no se observó interferencia, como si el átomo hubiese escogido una sola trayectoria. *Sin embargo, el número al azar que determinaba si se agregaría una rejilla solo se generaba luego de que el átomo hubiese atravesado la encrucijada.*
>
> *Si decidimos creer que el átomo en verdad escogió una trayectoria o trayectorias en particular, entonces debemos aceptar que una medida futura afecta el pasado del átomo* [énfasis añadido], dijo [el profesor asociado Andrew] Truscott. "Los átomos no viajaron desde el punto A hasta el punto B. Solo cuando se les midió al final de su viaje fue que su comportamiento, bien sea como onda o como partícula, existió", dijo[17].

EL FUTURO AFECTA
AL PASADO

Al escribir este libro, salieron a la luz algunas otras afirmaciones sorprendentes que creo que se aplican para entender la escritura de guiones.

En primer lugar, la revista *Journal of Neuroscience* hizo público un descubrimiento realizado por un grupo de neurocientíficos (¡no por físicos!) que simplemente se titulaba: "En el reconocimiento de la palabra hablada, el futuro predice el pasado". Mientras que la mayoría de la gente que estudia el cerebro sabe que el discurso previo influye en la manera en que podemos predecir lo que ocurrirá, la idea de que nuestros cerebros saquen información del futuro es increíble.

Empleando poderosas máquinas de magnetoencefalografía o MEG, el estudio puso a prueba a cincuenta personas y encontró que sus cerebros percibían sonidos que aún no habían sido hablados: "Estos hallazgos evidencian que *el aporte futuro determina la percepción de sonidos del habla previos* [énfasis añadido] al mantener características sensoriales hasta que puedan integrarse con información léxica descendiente"[18].

En la escritura de guiones, ocurre algo mágico que todavía no puede cuantificarse ni explicarse mediante la física clásica ni la ciencia. Sin embargo, físicos y mecánicos cuánticos, y en específico sus hallazgos de los últimos años, han empezado a destapar lo que en realidad ocurre cuando escribimos sobre nuestro día como si este ya hubiese transcurrido. ¿Será que, quizás, estaremos dando un paso hacia el futuro para dictarle a nuestro pasado lo que queremos que pase? ¿O será posible que escribir guiones de esta manera nos da otra pista sobre la naturaleza de la realidad, es decir, que no todo es como parece?

Cuando empieces a notar que tu diario nocturno y tu guion diario se alinean y no puedas distinguir entre uno y otro, comenzarás a entender por qué el tiempo en sí mismo resulta algo tan fascinante. La mecánica cuántica, y la física en general, está atravesando un gran cambio y una crisis de identidad. A mitad de 2018, Robbert

Dijkgraaf de la revista *Quanta Magazine* escribió un titular impresionante, que decía: "Las leyes de la física no existen, lo que existe es el paisaje".

Sin duda habrás escuchado sobre "la teoría del todo" o TDT. La persiguen los científicos que quieren entender a cabalidad por qué la mecánica cuántica parece desafiar constantemente todo entendimiento y lógica convencional. La teoría M (una gran teoría de cuerdas) es la principal competidora de la TDT, pero no es una clara ganadora. La teoría M afirma que las partículas como los electrones o los fotones no son puntos ni piezas como las imaginamos, sino que son cosas gigantes y largas que se parecen más a cuerdas. Algunos creen que esa es la razón por la que el entrelazamiento cuántico es posible, es decir, que no es que haya dos partículas interactuando entre sí, sino que estas "dos" partículas pudiesen ser una larga "cuerda".

Dijkgraaf escribe lo siguiente:

En la teoría de cuerdas, ciertas características de la física que por lo general consideramos leyes de la naturaleza (tales como fuerzas o partículas específicas) son en realidad soluciones. Son determinadas por la forma y tamaño de dimensiones adicionales ocultas. El espacio de todas estas soluciones es a menudo llamado "el paisaje", pero esa es una desestimación enorme. Incluso las vistas de montaña más impresionantes no son nada en comparación con la inmensidad de este espacio. Aunque solo se entienda parte de su geografía, sabemos que tiene continentes de grandes dimensiones. Una de las características más atractivas es que, posiblemente, todo esté conectado, es decir, cada dos modelos están conectados por un camino ininterrumpido. *Al sacudir lo suficiente al universo, seríamos capaces de movernos de un mundo posible a otro, cambiando lo que consideramos leyes inmutables de la naturaleza y la combinación especial de partículas elementales que conforman la realidad* [énfasis añadido].

Pero, ¿cómo exploramos el vasto paisaje de modelos físicos del universo, que fácilmente pudiesen tener cientos de dimensiones?

Ayuda visualizar el paisaje como una zona silvestre no desarrollada, en su mayoría oculta bajo gruesas capas de complejidad intratable. Solo en las márgenes encontramos lugares habitables. En estos puestos, la vida es sencilla y buena. Allí encontramos los modelos básicos que entendemos a cabalidad. No valen mucho para describir el mundo real, pero sirven como puntos de partida convenientes para explorar el vecindario local[19].

Dijkgraaf continúa usando como ejemplo dos personas, Alice y Bob, a quienes se les pide que preparen su comida favorita; a Alice le gusta la comida china y a Bob, la italiana. Los dos siguen cuidadosamente sus recetas, pero cuando sacan sus preparaciones del horno, ambas comidas son idénticas. En ese punto, es muy probable que Bob y Alice sufran una crisis existencial, lo cual constituye una buena analogía de cómo se sienten muchos físicos hoy en día[20].

Pero no todo está perdido. Usando su ejemplo de la zona silvestre, Dijkgraaf explica que, al adentrarse más en el terreno, está claro que existen sistemas más extensos e interconectados. Esto nos permite suponer que hay dos alternativas de recetas para la misma física subyacente. Estos son los llamados modelos duales, y su relación es una dualidad. En esencia, esto significa que la traducción del resultado final de ambas recetas es solo eso, una traducción entre chino e italiano.

Según Dijkgraaf, esto lleva a que una de dos posibilidades sea cierta: 1) o *todas* estas teorías están interconectadas y existe "un continente grande" en vez de muchas islas, o 2) todo lo de la física cuántica necesita ser desechado y habría que descubrir una nueva estructura que lo explique de una mejor manera[21].

¿Recuerdas que mencioné que odio cuando la gente se pone demasiado selectiva con los hechos de la física cuántica y los moldean para que se ajusten a su propia visión de la ley de la atracción/nuevo pensamiento/espiritualidad? Existe un hecho que todos parecen haber dejado de lado: *nunca un experimento de la mecánica cuántica ha podido probar que las teorías de la mecánica cuántica se aplican a cosas por encima de un nivel muy, muy pequeño como átomos, electrones, etc.*

Tampoco ha habido pruebas de que los experimentos hechos a escala cuántica no se apliquen a organismos más grandes, como los humanos.

A finales de 2018, un artículo publicado en la revista *Wired* trajo a la palestra la noticia de que un nuevo experimento estaba dando de qué hablar en la ciencia cuántica. Daniela Frauchiger y Renato Renner, del Instituto Federal Suizo de Tecnología en Zúrich, diseñaron el experimento mental que cuestionaría si alguna de las teorías cuánticas aguantaría, no solo a escala macro (animales, humanos, objetos más grandes) sino a nivel cuántico en sí.

El artículo en *Wired* explica:

> A pesar de la falta de evidencia empírica, los físicos piensan que la mecánica cuántica puede usarse para describir sistemas a cualquier escala, es decir, que es universal. Para probar esta aserción, Frauchiger y Renner idearon su experimento mental, el cual es la extensión de lo que el físico Eugene Wigner imaginó en la década de 1960. El nuevo experimento muestra que, en un mundo cuántico, dos personas pueden estar en desacuerdo sobre un resultado aparentemente irrefutable, como el de lanzar una moneda, sugiriendo que hay algún error en las asunciones que hacemos sobre la realidad cuántica[22].

Este nuevo experimento involucra a Alice y Bob y a sus amigos que ahora están experimentando con el lanzamiento de una moneda. Básicamente plantea que, si Alice y su amiga junto con Bob y su amigo lanzan una moneda una vez, y el amigo de Bob dice que si sale cara es sí, y la amiga de Alice dice que si sale cara es no, entonces Bob y Alice y sus amigos siempre pudiesen inferir cuál es la respuesta del otro (Bob sabría que si sale cara su respuesta sería sí, y que la de Alice sería no)[23].

Pero Frauchiger y Renner demostraron que, en una doceava parte de los casos, tanto Bob como Alice obtendrán un SÍ en una misma corrida del experimento, ocasionando un desacuerdo sobre si la amiga de Alice obtuvo cara o cruz. "Entonces, ambos están hablando sobre el evento anterior, y ambos están seguros de lo que fue, pero sus afirmaciones son exactamente opuestas", dice Renner, "y esa es la contradicción. Eso demuestra que algo está mal"[24].

El artículo continúa explicando que muchos físicos e investigadores que, apenas hace un año o dos, considerarían los resultados de este experimento mental como otra prueba más de la teoría de los mundos múltiples, ahora se cuestionan si las teorías de la mecánica cuántica son universales[25].

Matthew Leifer, el científico que lideró el experimento de la Universidad Chapman que postulaba que el tiempo era retrocausivo y que mostraba que el futuro afectaba al pasado, es citado en el mismo artículo (dos años después de la publicación del escrito) que afirma lo siguiente:

Leifer, por su parte, está en espera de algo nuevo. "Creo que la interpretación correcta de la mecánica cuántica no es ninguna de las anteriores", dijo. Asocia la situación actual de la mecánica cuántica a los tiempos antes de que Einstein presentara su teoría especial de la relatividad.

Los experimentalistas no han encontrado pistas del "éter lumínifero", el medio a través del cual se pensaba que las ondas de luz se propagaban en un universo newtoniano. Einstein afirmaba que no existía el éter; en vez de ello, demostró que el espacio y el tiempo son moldeables. "Antes de Einstein, no hubiera podido decirte que lo que cambiaría sería la estructura del espacio y del tiempo", dice Leifer. La mecánica cuántica se encuentra en una situación similar hoy en día, según él. "Es probable que estemos haciendo alguna asunción implícita sobre la manera en la que el mundo debería ser que no es verdadera", dice. "Cuando cambiemos eso, cuando modifiquemos esa asunción, todo debería tomar su lugar. Eso es más o menos lo que esperamos. Todo aquel que se haya mostrado escéptico respecto a las interpretaciones de la mecánica cuántica debe estar pensando en algo como eso. ¿Puedo decirte quién sería un candidato plausible para tal asunción? Bueno, si yo pudiera, estuviera trabajando en esa teoría"[26].

ÁBRETE CAMINO
(HACIA EL OTRO LADO)

Mientras está claro que la mecánica cuántica está cerca de dar un enorme paso hacia adelante, no descuenta lo lejos que ha llegado durante el siglo pasado. Algo que los físicos siempre aclaran es que todo es información, y la información en sí, por naturaleza, es computacional. ¿Y qué es nuestro cerebro?

En la actualidad, la mejor analogía para describir nuestro cerebro es la de una máquina gigante de procesamiento de información; una computadora biológica milagrosa que procesa una inmensa cantidad de información veinticuatro horas al día, todos los días de nuestra vida. ¿Eso significa que es perfecto procesando información? No. Por ejemplo, sabemos que nuestro cerebro filtra y desecha la mayor parte de lo que recibe, como para no sobrecargar a la "tarjeta madre". Aprendimos un poco sobre ello cuando hablamos del sistema activador reticular ascendente. Ese es apenas uno de los procesadores de la supercomputadora que es nuestro cerebro.

A la vez que nuestro cerebro procesa la información que recibe, como olores, sabores, texturas y sonidos, la ciencia no está segura de la manera en que nuestro cerebro procesa el tiempo. La visión más aceptada del tiempo es algo llamado la "teoría del universo de bloque". Esta teoría, basada en gran parte en la teoría de la relatividad de Einstein, dice que el pasado, el presente y el futuro existen todos al mismo tiempo.

Mientras que nosotros experimentamos el tiempo como lineal (yendo hacia adelante en una dirección), la teoría del universo de bloque, o el bloque, emplea el principio del tiempo más aceptado, del cual hablamos antes: la simetría temporal. El bloque no es tan complicado como parece: básicamente, cada momento, incluyendo tu nacimiento y tu muerte, ya existen en el bloque. Este consiste en cuatro dimensiones: tres espaciales (alto, ancho y largo) y una temporal (el tiempo).

La Dra. Kristie Miller, directora adjunta del Centro del Tiempo en la Universidad de Sídney, explica el bloque en un artículo publicado en el sitio web de la Australian Broadcasting Corporation:

> Hagámoslo más fácil, al entender el modelo de bloque de nuestro mundo como un rectángulo tridimensional o en forma de cubo. Dos de las dimensiones del cubo (digamos que el alto y el ancho) representan dos de las tres dimensiones espaciales del universo. La tercera dimensión espacial en el diagrama anterior es dejada de lado (el largo del cubo) y reemplazada por el tiempo. En una punta del cubo se ubica el Big Bang, y en la otra, el último momento del universo (quizá sea un gran "crunch"). El cubo está lleno de todos y cada uno de los eventos que ocurren. La ubicación de estos eventos dentro del cubo representa su ubicación en el espacio-tiempo. Todos los eventos, incluyendo tu nacimiento y tu muerte, y este preciso momento en el que estás leyendo este texto, existen dentro del bloque[27].

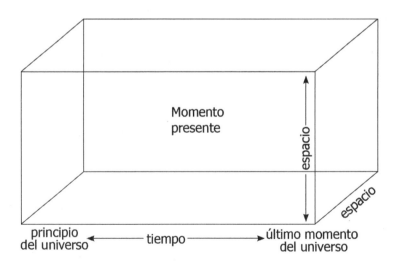

Fig. 6.6. Una representación de la teoría del universo de bloque

La teoría del universo de bloque es fascinante porque muchos científicos que creen en ella también saben que esto significa que viajar en el tiempo es posible sin una crisis de la "paradoja del abuelo". La paradoja del abuelo es la vieja historia de ciencia ficción que narra que alguien viaja al pasado y mata a su abuelo, alterando su propia línea del tiempo al punto de que nunca llega a existir porque su abuelo dejó de existir antes de tener hijos. La teoría del universo de bloque no deja espacio para contradicciones, lo que significa que, si viajas al pasado, siempre fuiste parte del pasado.

La Dra. Miller explica en su artículo:

> ¿Qué pasaría si viajo al pasado? Me bajaría de mi máquina del tiempo y comenzaría a caminar, respiraría y conversaría con la gente. Obviamente, esto tendría efectos al momento al cual viajase. Probablemente pisaría hormigas, hablaría con la gente de la época, acariciaría caballos, alimentaría burros y así sucesivamente.
>
> En el pasado, actuaría de la misma manera que en el presente; pero no estaría cambiando el pasado. No estaría cambiando el futuro si mañana desayuno cereal en vez de tostadas, estoy haciendo del futuro lo que es; al viajar al pasado no lo cambiaría, haría de él lo que es y lo que siempre ha sido[28].

Son cosas bastante locas y, en años recientes, muchos cosmólogos han intentado averiguar qué tan confiable es la teoría del universo de bloque. Una cosmóloga, Marina Côrtes, del Observatorio Real de Edinburgo, y otros científicos, han comenzado a retar públicamente la teoría del universo de bloque. Marina bromea diciendo que los físicos están pasando demasiado tiempo en sus oficinas y olvidando que la mayoría de los humanos están fuera, experimentando el tiempo de manera lineal, hacia adelante.

Un artículo en la revista *Plus Magazine* explica el modelo del desarrollo del tiempo de Côrtes y de su compañero Lee Smolin:

> En su modelo, la descripción más fundamental del universo es que es un *conjunto energético causal*. Y en vez de comenzar a partir de un

espacio-tiempo continuo, como en la teoría general de la relatividad de Einstein, la visión de Cortês y Smolin comienza a partir de simples "átomos" de tiempo: "como el tictac de un reloj".

Piensa en el proceso de estar leyendo este artículo y disminuye el tiempo dramáticamente hasta que obtengas una serie de fotones de luz individuales emanando desde la pantalla e interactuando con tus retinas. Cada una de esas interacciones es una instancia de tiempo en el modelo de Cortês, y cada instante tiene una energía e impulso asociados. Dichas instancias son discretas, pero al despegarte estas parecen fusionarse en un pasaje continuo de tiempo. El futuro no ha ocurrido todavía, y el pasado, esas instancias de tiempo que ya no interactúan con ninguna otra, efectivamente no existe[29].

Esa es otra teoría interesante, pero es solo eso, una teoría. Algo que considero que Cortês cuestiona adecuadamente cuando se trata de la simetría temporal y la teoría del universo de bloque es que, si la teoría del bloque es cierta, ¿cómo se traduce eso para el libre albedrío? La respuesta corta es que, si la teoría del universo de bloque fuese cierta, no tendríamos libre albedrío, porque todo ya pasó. Es el extremo del determinismo, "una creencia filosófica en la que todos los eventos son determinados por causas preexistentes"[30]. Hay una versión más nueva de la teoría, llamada "la teoría del universo de bloque creciente", que afirma que sí vivimos en un universo de bloque, pero que el futuro aún no ha ocurrido; el universo de bloque del pasado continúa creciendo. Pero para los cosmólogos como Cortês, esto todavía no está del todo bien porque significa que el pasado existe *ahora*, al igual que el presente.

Debo agregar que una de las creencias fundamentales que respaldan la teoría del universo de bloque es la entropía, el declive aparentemente natural del orden hacia el desorden… así sea tu escritorio de trabajo pasando de estar organizado a no estarlo, o un planeta entero pasando de estar lleno de vida a morir. Básicamente, algunos científicos que no están de acuerdo con la teoría del universo de bloque cuestionan si el universo fue mucho más organizado inmediatamente después de ocurrir el Big Bang, y que se volvió desorganizado con el pasar del tiempo. En esencia, la entropía creciente desde el momento del big bang es lo que experimentamos como tiempo. Pero, de nuevo, esa es solo una teoría.

Las teorías provienen de nuestro cerebro, de nuestra mente, que tal como ya mencionamos, es similar a una supercomputadora. Aquí es cuando necesitamos comprender algo que es clave para entender no solo la escritura de guiones sino lo que en verdad ocurre en el mundo: la percepción versus la realidad.

Capítulo siete

Seleccionando el nexo
o cómo salirse
de la simulación por 0 $

Al lenguaje le faltan palabras para expresar nuevos conocimientos. En ocasiones debemos emplear palabras aparentemente contradictorias con la esperanza de que se entienda la intención detrás de ellas, agrupando todo lo escrito en vez de intentar hallar respuestas mediante el análisis de algunas palabras inadecuadas en párrafos aislados.

WALTER RUSSELL, *THE UNIVERSAL ONE*

UN FALLO EN LA MATRIZ

Durante los últimos años, uno de mis lugares favoritos en internet es un foro de Reddit llamado "Fallo en la matriz" o "GITM" ("Glitch in the Matrix") por sus siglas en inglés. Recientemente, mientras daba los toques finales a este libro a finales de 2019, otro foro de Reddit relacionado llamado "Randonauts" captó mi atención.

Reddit es uno de los foros en línea más grandes del mundo, con subtemas que cubren una variedad de premisas. Podemos encontrar de todo, desde recetas del Medio Oriente hasta clubs de fans de programas de televisión como *The Golden Girls* o *The Good Place*. Me topé por accidente con el foro GITM en el verano de 2018. Aunque ya había leído artículos en internet de las mejores historias de fallos en la matriz, no había explorado con seriedad el foro de Reddit, sino hasta mediados de 2018.

Muchos de los relatos de este fascinante foro son equivalentes modernos de las historias de fantasmas que proliferaban durante la era victoriana. Sin embargo, los moderadores del foro dejan bien claro que no se trata de un foro paranormal, y que tampoco es un lugar para que escritores creativos escriban ficción. Es un lugar donde la gente comparte historias de la vida real que no tienen sentido cuando se tratan de aplicar las leyes naturales. El nombre proviene de la película *The Matrix*, en la cual un hombre descubre que el mundo a su alrededor no es lo que parece, sino que es una elaborada simulación computarizada y que su cuerpo existe en otro lugar.

Sin desviarse mucho hacia el mundo de las conspiraciones, el foro mantiene un sentido de realidad y de integridad. Participan personas corrientes, como tú o como yo, que han experimentado cosas que no parecen normales y para las cuales no tienen una explicación. Si imaginamos que nuestro cerebro es una computadora, la idea tras este foro de internet es que quizá nuestro cerebro es una computadora dentro de algún tipo de realidad que en sí misma es como una computadora. Por supuesto, no todas las personas que participan en el foro creen que eso sea lo que pase, pero la mayoría estamos seguros de una cosa: *algo* pasa, algo que no puede ser explicado mediante lo que normalmente entendemos como las leyes naturales.

Los directores del foro instan a los usuarios a considerar siempre "la navaja de Ockham", la teoría universalmente aceptada que dice que la explicación más básica de algo es usualmente la correcta. El foro tiene sus normas para la publicación de historias, incluyendo las siguientes:

- No puedes haber estado bajo la influencia del alcohol o las drogas cuando hayas tenido la experiencia que describas.
- Las experiencias deben ser reales, con verificación posterior si es posible (por ejemplo, fotos).

- Las historias no pueden ser sobre experiencias que ocurrieron durante la infancia o hace años; mientras más reciente haya sido el evento y este se reporte, mejor.

Es allí cuando las historias reales del foro GITM se vuelven más interesantes. Estadísticamente siempre habrá muchas historias que son mentira, que han sido adornadas o simplemente inventadas, pero, aun así, queda otro porcentaje de gente que publica historias reales, desde su punto de vista.

He pasado miles de horas estudiando las publicaciones y he encontrado varias cosas que captan mi atención. En primer lugar, las historias más benignas en apariencia son a menudo las más interesantes cuando se investigan a fondo. Un ejemplo es la publicación titulada "Sé que no existo". Aunque es posible que su autor no esté siendo honesto, esta historia es un ejemplo claro de un que es "fallo" y de lo que la gente suele experimentar después. Te animo a leer la publicación en Reddit. La he resumido aquí, con un par de frases clave.

El contexto: una noche, el autor estaba preparando un bolso para ir al día siguiente al trabajo y luego al gimnasio. Tenía un racimo de cuatro bananas y lo separó por la mitad, empacó dos bananas en el bolso y metió en el refrigerador las otras dos. Sin embargo, le preocupaba que las dos bananas que había empacado se pudrieran, así que las sacó del bolso y las guardó en el refrigerador. Luego, escribió una nota a manera de recordatorio que simplemente decía "bananas" y la puso cerca de su refrigerador, para acordarse de sacar las bananas por la mañana. Al día siguiente, fue a su cocina y:

> "...saqué las bananas del refrigerador y, de inmediato y sin equivocación, noté que estaban de nuevo unidas al racimo, conectadas de manera natural. Nunca había estado tan seguro de que se trataba de un error imposible. Lo sabía dentro de mí, y cuando las separé de nuevo, al escuchar el sonido al arrancarlas, supe que el episodio de haber hecho lo mismo el día anterior se había borrado.
>
> Mi mente se apresuraba a tachar todas las posibilidades, y la última

se eliminó cuando sobre la mesa vi el papel que decía "bananas". No había sido un sueño. [Dos] de las frutas habían estado en mi bolso durante 10 minutos y ahora estaban de vuelta unidas al racimo. No estaban pegadas con cola o con cinta adhesiva, no estaban puestas unas al lado de las otras... tenía en mis manos un racimo. Examiné el refrigerador, [y] no había ninguna fruta en todo el apartamento[1].

Aunque lo anterior pudiese considerarse simplemente como una historia de alguien que no recordó bien algo, lo que el autor escribió después es más que fascinante. Afirmó que una fuerza sobrecogedora (*que yo mismo he experimentado*) pareció dominarlo, casi forzándolo a olvidar el fallo. Se dio cuenta que ya había experimentado fallos similares en el pasado, pero de que los había ignorado. Concluyó lo siguiente:

"Y ESE sentimiento es aún más convincente que el fallo mismo, de que no tenemos idea de lo que somos o del mundo en el que vivimos; puede ser una computadora, un sueño, no lo sé. De lo que tengo certeza es de que esto no es real, e incluso mientras lo escribo siento que no es de importancia. No vale la pena mencionar que sé que pasado mañana lo olvidaré, perderé el interés. Es posible que hasta deteste volver a esta historia. Es más fuerte que yo, pero por ahora la imagen de... la circunstancia se queda conmigo... Que esta historia escrita contra todo pronóstico sea un recuerdo de algo que pronto desaparecerá"[2].

Muchas otras historias, cientos al día, se publican en el foro GITM. Aunque el hecho de que unas bananas parezcan haberse reconectado a un racimo no sea alarmante, existe mucha gente en el mundo que ha experimentado rarezas similares. Habiendo dicho eso, el factor rareza se hace exponencialmente más alto. He visto miles de estas publicaciones, y he aquí una muestra de algunos de los temas más comunes que surgen a partir de las experiencias de muchas personas:

La inmortalidad cuántica (experimentar la propia muerte). Algunos ejemplos que incluyen la publicación "Morí en la esquina", en la que el autor cuenta que trabajaba en una pizzería, sosteniendo una pancarta en la esquina de la calle para atraer clientes. Un día, mientras estaba allí, ve y experimenta como una furgoneta se abalanza sobre la acera y contra él. Pierde el conocimiento, pero luego reacciona y se da cuenta de que el accidente no ocurrió. Regresa a la pizzería solo para ver la furgoneta, que ya había visto antes, yendo a toda velocidad por la esquina[3].

De forma similar, la publicación "Literalmente morí, o eso pensé" cuenta cómo la autora estaba de camino al trabajo y tuvo un terrible accidente de auto, con recuerdos específicos de un traumatismo craneal importante. La autora ve una luz y luego "despierta" para encontrarse en el mismo lugar donde ocurrió el accidente, excepto que el accidente nunca pasó[4].

Lapsus de realidad, grandes o pequeños. Un ejemplo a profundidad es la publicación "Este no es mi apartamento". Un hombre y su novia eran dueños de un apartamento ubicado en el piso 56 de un edificio, donde, para llegar al piso en el que cada uno vivía, el ascensor requería de una llave-tarjeta. Es decir, no se podía tomar el ascensor hacia otro piso. La hermana y la madre de la novia estaban visitándolos. Luego de una ida rápida a la tienda, el hombre, su novia y la hermana suben al ascensor y usan la tarjeta, como era usual. El ascensor sube al piso y al abrirse se dan cuenta de que los números del apartamento, por lo general brillantes y cromados, lucen viejos y llenos de polvo. Se fijan en el número del apartamento y abren la puerta, solo para ver a una persona desconocida en su sofá, que no dice nada. Pensando que había ocurrido lo imposible y que abrieron la puerta del apartamento equivocado con su llave, el hombre cierra la puerta. Usan de nuevo la tarjeta y "vuelven" a ir al piso 56. Esta vez entran al apartamento y notan que varias cosas que los tres habían dejado en el apartamento "correcto" habían cambiado de posición o estaban en el lugar equivocado. Todos recuerdan el distintivo olor a tostada quemada. La madre, que se había quedado en el apartamento y no había salido con ellos, lucía y actuaba de manera extraña. Entonces:

"...salimos al balcón, y sentimos exactamente el mismo olor a tostada quemada. Estuvimos en el balcón por cerca de 30 segundos. Cuando volvimos a entrar, todo estaba de vuelta donde lo habíamos dejado, y la madre estaba de vuelta a como la recordábamos[5].

Lapsus temporales, grandes o pequeños. Un ejemplo con un toque sentimental es la publicación titulada "Es parte de la razón por la que compramos la casa". Una mujer, su familia y un agente de bienes raíces miraban casas en 2009; encontraron una casa que les encantó y, mientras estaban allí, vieron un perro caniche de color negro en el patio de la vecina. Todos en la familia eran amantes de los caniches y habían tenido uno que había muerto en 2007, así que decidieron que haber visto ese caniche era una buena señal para comprar la casa. Unos meses después de mudarse, la mujer le comentó a la vecina sobre el caniche y de cómo a su familia también les encantaban, pero la vecina lucía confundida; le dijo que su caniche había muerto hacía años[6].

Otro ejemplo de lapsus temporal se describe en la publicación titulada "Fallo genial y sencillo". La autora estaba sentada en su cama cuando escuchó el sonido inconfundible del vidrio quebrándose. Saltó de la cama y fue a revisar su auto, su cocina y otras partes de la casa, pero nada se había quebrado, así que volvió a su habitación. Unos minutos después, su hija la llamó desde la cocina, pidiendo ayuda porque se le había caído un vaso de vidrio y este se había astillado por todo el piso. La mujer le dijo a la hija si había esperado para llamarla luego de que se le quebrara el vaso, y la hija respondió que no, que la llamó tan pronto se le cayó[7].

Objetos físicos que cambian su forma y su presencia. Un ejemplo es la publicación titulada "Fallo de joyas". Una mujer recibió dos pares de aretes para su graduación de secundaria: un par era de diamantes y el otro de zafiros. Unos diez años después de haber recibido los aretes, perdió uno de los diamantes. Conservó el diamante que le quedaba junto al par de zafiros, en caso de que algún día apareciera el diamante extraviado. Recientemente, se entristeció al ver que el broche de uno de los aretes de zafiro se había roto, lo que lo hacía imposible de usar. Conservó el arete de zafiros roto con su pareja intacta en su único joyero, junto al diamante. Luego, le obsequiaron un nuevo par de aretes de zafiro con pasador, y cuando fue a guardarlos en su joyero, se sorprendió al ver que el arete de zafiro roto estaba completamente normal y podía volver a usarlo, pero el de diamante ya no estaba[8].

Los ejemplos siguen y siguen, y aunque los colaboradores y comentaristas del foro intentan ayudar a descartar posibilidades como intoxicación por monóxido, trauma cerebral, enfermedades mentales y trastorno de identidad disociativo, todavía quedan una gran cantidad de historias y experiencias extrañas.

Lo que encuentro más intrigante de los fallos en la matriz es que, tal vez, lo que hemos llamado embrujos o tramas cinematográficas de ciencia ficción son algo totalmente distinto, ya que ahora contamos con el lenguaje para describir mejor lo que en realidad sucede. Quizá nunca tuvimos las palabras adecuadas para describir lo que estamos experimentando cuando ocurre algo totalmente fuera de lo común.

Algunos participantes del foro publican historias sobre estar en una habitación y de repente ver una persona a su lado o frente a ellos. Otro tema suele ser sobre personas que entran o salen de un lugar completamente abandonado y silencioso, cuando un minuto antes estaba lleno de gente. Hay muchas, muchas historias de gente que conduce por un camino que luego descubren que no aparece en ningún mapa o GPS. Un número considerable de personas también se han hallado en un restaurante extraño o estación de servicio donde se siente como si las otras personas en el lugar no tuvieran vida: están estáticas, en silencio, mirando hacia adelante; o experimentan lo opuesto, que alguien entra a un comedor y todos los presentes le conocen de nombre.

Entonces, cuando quitamos a los mentirosos y a la gente que esté experimentando algún tipo de lapsus mental y nos concentramos en cosas como la navaja de Ockham y el fenómeno de Baader-Meinhof (donde alguien denota algo como el número 11:11 y nuestro cerebro empieza a verlo en todos lados), nos queda una interrogante: *¡¿Qué demonios sucede?!*

SIN PALABRAS

Al encontrarme investigando y adentrándome cada vez más en estas historias de fallos en la matriz, sabía que eso estaba conectado con la escritura de guiones. Vi que las personas daban algunas sugerencias fenomenales sobre lo que sucede cuando ocurren estos fallos. Lo que encuentro tan enriquecedor sobre estos mundos en línea, donde personas de diversas partes del mundo pueden conectarse de una manera positiva, es que se recomiendan ideas, artículos y libros que la mayoría de nosotros no hubiésemos conocido de otra manera.

Una vez que miramos más allá de la gente que sugiere que los fallos son una prueba más de la física cuántica, podemos acercarnos a una bibliografía revolucionaria y novedosa que pudiese explicar el razonamiento tras estos hechos aparentemente inexplicables que le ocurren a personas normales como tú y como yo.

Es aquí donde las cosas se ponen emocionantes y frustrantes a la vez. Emocionantes porque al fin avanzamos en hallar una explicación a estas cosas (incluyendo la escritura de guiones) con nuevas ideas más allá de la física cuántica. Lo frustrante es que no contamos con el lenguaje o las palabras para describirlas de una manera apropiada.

Incluso la frase "fallo en la matriz" hace referencia a la noción de un mundo extraterrestre donde todos somos cerebros en recipientes viviendo el videojuego de algún extraterrestre. La problemática de la ausencia de palabras para describir algo novedoso y revolucionario *no es* nueva.

Como Walter Russell escribió en su libro *The Universal One* (publicado por primera vez en 1926): "Al lenguaje le faltan palabras para expresar nuevos conocimientos. Debemos emplear palabras aparentemente contradictorias con la esperanza de que se entienda la intención detrás de ellas, agrupando todo lo escrito en vez de intentar hallar respuestas mediante el análisis de algunas palabras inadecuadas en párrafos aislados"[9].

Una de las teorías más nuevas, interesantes y emocionantes sobre lo que ocurre cuando experimentamos un fallo, es que estamos dentro de lo que suele ser llamado una "simulación". Las grandes mentes y científicos de nuestros tiempos, desde Stephen Hawking hasta Elon Musk, pasando por Neil deGrasse Tyson, creen que hay de un 20 a un 90 por ciento de probabilidad de que estemos viviendo una simulación. Por eso lo exploraremos y veremos en qué puede relacionarse con la escritura de guiones.

LA TEORÍA DE LA SIMULACIÓN

En 2016, *The Guardian* publicó un artículo titulado: "¿Es nuestro mundo una simulación? Por qué algunos científicos dicen que es muy probable" con el subtítulo: "Una hilera de tecnólogos y físicos creen que la 'teoría de la simulación' será probada, tal y como fue probado que la tierra no era el centro del universo"[10].

La teoría de la simulación fue presentada por primera vez en 2003 por el filósofo Nick Bostrom. Es importante destacar que hizo esta predicción antes de que se inventase YouTube, Facebook, Twitter, las redes sociales en general, el Oculus Rift, las tablets y los teléfonos inteligentes. Hizo esta predicción antes de que cualquier persona pudiese entrar a una tienda por departamentos como Target o Walmart a comprar unos lentes de realidad virtual.

La teoría es simple, y aunque tiene algo de la teoría de la probabilidad como base, el concepto puede entenderse a pesar de las matemáticas. Afirma que en un futuro muy cercano (algunos futuristas creen que en menos de 35 o 40 años), la civilización tendrá las suficientes habilidades computacionales y de programación para correr lo que Bostrom llama "simulaciones ancestrales".

Como dijo en un ensayo de 2006:

Se trataría de simulaciones detalladas de los "antecesores" de los simuladores, lo suficientemente detalladas como para que las mentes simuladas sean "conscientes" y tengan el mismo tipo de experiencias que nosotros. Pensemos en una simulación ancestral como un entorno de realidad virtual muy realista, pero en el que los cerebros que lo habitan son parte de la simulación...

La conclusión es que al menos una de las siguientes tres propuestas es verdad:

1. Casi todas las civilizaciones con nuestro mismo nivel de desarrollo se extinguen antes de alcanzar la madurez tecnológica.
2. La fracción de las civilizaciones tecnológicamente maduras que

se interesan por las simulaciones ancestrales es casi cero.

3. Usted está, casi con certeza, viviendo dentro de una simulación computarizada[11].

¿Qué? ¿Cómo llegaron Bostrom y sus colegas a estas conclusiones tan sombrías? Primero, asumen que la primera conclusión es falsa, lo que significa que un gran número de civilizaciones a nuestro mismo nivel alcanzan la madurez tecnológica. Luego, suponen que la segunda conclusión también es falsa, lo que significa que un gran número de estas civilizaciones con madurez tecnológica corren simulaciones ancestrales. Si tanto la primera como la segunda son falsas, quiere decir que habría mentes como la nuestra, solo que simuladas.

Bostrom asigna un porcentaje menor a 50 a la posibilidad de que estemos viviendo en una simulación[12]. Asigna a su creencia personal menos de 20 por ciento, lo que en mi opinión sigue siendo un porcentaje alto. Es común entre los líderes pensadores de nuestros días asignar un porcentaje a la probabilidad de que estemos viviendo dentro de una simulación.

Mientras la tecnología ha avanzado de forma asombrosa y veloz durante las casi dos décadas desde que se introdujo por primera vez la teoría de la simulación, muchas mentes brillantes se han confesado defensoras de la idea de que pudiésemos estar dentro de una simulación. Una de las declaraciones más famosas de Elon Musk es que cree que solo existe una posibilidad en mil millones de que estemos viviendo en una "realidad base"[13], es decir, en el mundo real. Rich Terrile, un científico del Laboratorio de Propulsión a Chorro de la NASA, ha afirmado que, en su opinión, pronto la tecnología nos permitirá replicar la conciencia[14].

El astrónomo Neil deGrasse Tyson fue el anfitrión de un foro de científicos en 2016, donde argumentó que es "muy probable" que el universo sea una simulación[15]. En dicho foro, que se encuentra disponible en YouTube[16], científicos de todas las áreas desglosaron la idea de la simulación. Mientras unos dicen que es absolutamente posible, otros dicen que es incluso tonto hacer la pregunta de si estamos dentro de una simulación.

Si alguien quisiese comprobar o refutar que vivimos en una simulación, debe: 1) buscar evidencia (como los fallos) de que vivimos en una simulación, o 2) encontrar la limitación o el "muro" de nuestra simulación, algo parecido a lo que hizo Jim Carrey en su famosa película *El Show de Truman*. El renombrado físico René Descartes entendía muy bien la simulación en una época en la que la palabra ni siquiera existía: propuso la hipótesis del genio maligno, la precursora de la teoría del cerebro en una cubeta, que es la idea de que él pudiese existir en algún lugar como un cerebro en una cubeta, al cual se le alimentaba con información de alguna inteligencia desconocida[17].

Con el tiempo, Descartes razonó que Dios era justo y no permitiría que los humanos fuesen engañados. Siguió adelante y creyó que no podría estar pensando lo que estaba pensando y existir en algún otro lugar. En otras palabras, para Descartes el hecho de que una persona pudiese pensar probaba que la persona existía en un lugar[18].

Como afirma el artículo de *The Guardian*, citando una vez más a Terrile:

"Francamente, es una circunstancia muy poco probable no estar viviendo en una simulación", añadió [Terrile].

Entonces, ¿quién creó esta simulación?

"Nuestros yo del futuro", dijo Terrile[19].

Al igual que durante los tiempos en los cuales se recurría a extractos de la física cuántica para explicar ciertas opiniones, actualmente existe una tendencia emergente entre los pertenecientes a los círculos espirituales/de manifestación/del nuevo pensamiento de etiquetar *todo* como una simulación. Esta tendencia debe detenerse o al menos frenarse hasta que exista más evidencia.

Es necesario hacernos este planteamiento porque creo que contiene, no la llave de la puerta de nuestra realidad en sí misma, sino las *instrucciones* para encontrarla y de cómo funciona. La clave para entender *por qué* herramientas increíbles como la escritura de guiones pueden tener un impacto legítimo y observable en nuestra realidad está más cerca de ser descubierta de lo que muchos creen.

PERCEPCIÓN < REALIDAD

Escribir guiones nos permite interactuar con nosotros mismos y alterar la realidad de nuestro mundo. Desde que descubrí la manera correcta de escribir guiones, he tratado de entender por qué y cómo funciona. A medida que se hacen más descubrimientos en ciencia y tecnología, me fascina ver si ayudan a explicar cómo operan estas herramientas, aparentemente sobrenaturales, como la escritura de guiones.

Donald Hoffman, profesor y científico cognitivo de la Universidad de California en Irvine, presentó una charla TED Talk en 2015 exponiendo lo que él y sus estudiantes de investigación habían descubierto[20]. Hoffman ha pasado las últimas tres décadas estudiando la percepción, la inteligencia artificial, la teoría evolutiva de juegos y el cerebro, y sus descubrimientos pudiesen tener "la llave de la llave" que abre la puerta al entendimiento de la manifestación. En su charla de veinte minutos, lleva a la audiencia a un increíble viaje que alcanza una impresionante conclusión: *la evolución no apoya a la realidad.* Dicho de otra forma: mientras evolucionamos, nuestra evolución no ha hecho que nuestra percepción de la realidad siquiera se acerque a ser una prioridad. De hecho, la evidencia sugiere que la realidad y la naturaleza de nuestro mundo es algo que la evolución, biológicamente hablando, consideró no esencial.

En el mundo de la ciencia, esta es una afirmación riesgosa y a la vez innovadora. Hoffman comienza su explicación haciendo una simple pregunta: si él ve un tomate rojo a un metro de distancia y luego cierra sus ojos y ve un campo gris, ¿significa que en su realidad el tomate sigue allí? Parece una pregunta tonta, pero la respuesta es que él pensaría que en la realidad el tomate está a solo un metro de distancia incluso con sus ojos cerrados, pero ¿podría su percepción de la realidad estar errada?

En una época, la humanidad creía que la tierra era plana porque es así como se veía. Copérnico y Galileo nos ayudaron a darnos cuenta de que estábamos equivocados. Hoffman nos recuerda que ese descubrimiento hizo que Galileo se cuestionase qué otras cosas pudiésemos estar malinterpretando; Galileo escribió: "Creo que los sabores, los olores, los colores, etcétera, residen en nuestra conciencia. Por lo tanto, si se removiese al ser vivo, todas esas cualidades se aniquilarían".

Tomemos el sentido de la vista como ejemplo. La vista es un proceso increíblemente complejo que involucra "miles de millones de neuronas y trillones de sinapsis".

> Pensamos en [la vista] como en una cámara, que simplemente toma una fotografía de la realidad objetiva tal y como es. Ahora, hay una parte de la vista que es como una cámara: el ojo tiene un lente que enfoca una imagen en la parte posterior del ojo, donde hay 130 millones de fotorreceptores, así que el ojo es como una cámara de 130 megapíxeles. Sin embargo, eso no explica los miles de millones de neuronas y trillones de sinapsis involucradas en la vista. ¿Qué hacen esas neuronas?
>
> Bueno, los neurocientíficos nos dicen que dichas neuronas crean, en tiempo real, todas las formas, objetos, colores y movimientos que vemos. Se siente como si tomásemos una instantánea de la habitación tal como está, pero, de hecho, estamos construyendo todo lo que vemos. No construimos el mundo entero todo a la vez, sino lo que necesitamos en el momento[21].

Pero ¿y si lo que creemos que necesitamos en el momento, en realidad no nos ayuda a sobrevivir? Hoffman da el ejemplo del escarabajo joya australiano, un animal que ha vivido por miles o millones de años sobreviviendo en el *outback* australiano. Estos escarabajos son brillantes, marrones y con muescas. Los machos vuelan en búsqueda de hembras, que no vuelan, para aparearse. Esta especie tuvo éxito por miles, posiblemente millones, de años, hasta que otra especie, el *Homo sapiens,* comenzó a arrojar botellas de cerveza en el *outback*[22].

Ocurre que dichas botellas de cerveza también eran brillantes, marrones y con muescas, y que la población de escarabajos joya macho intentaba aparearse exclusivamente con las botellas. ¡Australia tuvo que cambiar sus botellas de cerveza para evitar la extinción del escarabajo![23]. Hoffman dice: "Parece que el escarabajo veía la realidad tal como era, pero aparentemente no.

La evolución lo proveyó de un truco: una hembra es cualquier cosa brillante, marrón y con muescas, y mientras más grande, mejor. Aunque se trepara por la botella, el macho era incapaz de darse cuenta de su error"[24].

En este caso, el truco, cuyo fin era asegurar la aptitud evolutiva y supervivencia, en realidad condujo a lo opuesto. Hoffman pregunta y responde entonces una cuestión técnica importante:

> ¿La selección natural en verdad se favorece de ver la realidad tal y cómo es? Por suerte, no tenemos que agitar las manos y adivinar, porque la evolución es una teoría matemáticamente precisa. Podemos usar las ecuaciones de la evolución para verificarlo. Podemos hacer que varios organismos compitan entre sí en mundos artificiales y ver cuáles sobreviven y prosperan y cuáles sistemas sensoriales son más aptos.
>
> Así que, en mi laboratorio, hemos corrido cientos de miles de simulaciones de juego evolutivo con muchos mundos diferentes escogidos al azar y organismos que compiten por recursos en dichos mundos. Algunos de los organismos ven toda la realidad, otros solo ven parte de esta y algunos no ven nada de la realidad, solo aptitud. ¿Quién gana?
>
> Bueno, odio darte esta noticia, pero la percepción de la realidad se extingue. En casi todas las simulaciones, los organismos que no ven nada de la realidad, sino que solo están programados para la aptitud, conducen a la extinción a todos los organismos que perciben la realidad tal y como es. En resumen, la evolución no favorece a las percepciones verídicas o correctas. Dichas percepciones de la realidad se extinguen[25].

Esto es un descubrimiento impresionante y las implicaciones de lo que esto pudiese significar para la humanidad son más impactantes que mucho de lo que ocurre en la física cuántica, sobre todo porque esto no es una teoría... es un hecho comprobable. Pero ¿qué quiere decir exactamente que la evolución no se favorezca de la percepción precisa de la realidad? Estas ecuaciones muestran que los organismos no ven la "realidad real" gracias a trucos evolutivos que fueron "instalados" en nosotros para mantenernos vivos. "Nos es difícil despegarnos del espacio-tiempo y de los objetos como tal, al igual que lo es para el escarabajo joya despegarse de su botella. ¿Por qué? Porque somos ciegos ante nuestras propias cegueras[26]".

¿Cómo puede ser *útil* el no percibir la realidad tal y como es? Contamos con una metáfora maravillosa en nuestra vida diaria: la interfaz de escritorio de nuestra computadora o portátil; es decir, un ícono en nuestro escritorio que contiene las notas o el discurso de tu futura charla TED Talk.

> Entonces, el ícono es azul y rectangular y se ubica en la esquina inferior derecha del escritorio. ¿Eso quiere decir que el ícono en sí en la computadora es azul, rectangular y se ubica en la esquina inferior derecha de la computadora? Claro que no. Todo el que lo haya pensado, malinterpretó el propósito de la interfaz. No está allí para mostrarte la realidad de la computadora.
>
> De hecho, se encuentra allí para esconder esa realidad. No quieres saber nada de diodos o resistencias y de los megabytes del software. Si tuvieses que lidiar con eso, nunca podrías escribir tu archivo de texto o editar tu fotografía. Entonces, la idea es que la evolución nos ha provisto de una interfaz que esconde la realidad y guía el comportamiento adaptativo. El espacio y el tiempo, tal y como los percibes ahora mismo, son tu escritorio, y los objetos físicos son simplemente íconos en ese escritorio[27].

Hoffman cuenta que cuando da ese ejemplo de la vida real, la gente le dice que se pare frente a un tren que se aproxime a 300 kilómetros por hora para probar que la realidad no es lo que percibimos. Tiene un gran sentido del humor y ponerse frente a un tren en movimiento no está entre sus planes por la misma razón que no arrastrará ese pequeño ícono azul de su charla TED Talk hacia la papelera de reciclaje de su interfaz de escritorio:

> No tomo el ícono literalmente, sé que el archivo no es azul ni rectangular, pero sí lo tomo en serio. Pudiese perder semanas de trabajo

si no lo hiciera. De forma similar, la evolución nos ha moldeado con símbolos perceptuales que están diseñados para mantenernos vivos, así que mejor los tomamos en serio. Si ves una serpiente, no la cojas. Si ves un precipicio, no saltes de este. Pero eso no significa que debamos tomarlos literalmente. Ese es un error lógico...

Solemos pensar que la percepción es como una ventana hacia la realidad tal y como es; la teoría evolutiva nos dice que esta es una interpretación errada de nuestras percepciones. *En vez de ello, la realidad es más como un escritorio en 3D diseñado para esconder la complejidad del mundo real y guiar el comportamiento adaptativo. El espacio, tal y como lo percibes, es tu escritorio, y los objetos físicos son simplemente los íconos de ese escritorio* [énfasis añadido][28].

Esa es una de las explicaciones más convincentes con las que me he topado de lo que ocurre cuando escribimos guiones y manifestamos. Si recordamos cuando hablamos del sistema activador reticular ascendente de nuestro cerebro (nuestro sistema ExtraCom), sabemos que lo entrenamos para enfocarse en lo que le pedimos que se enfoque. Nuestro sistema ExtraCom trabaja haciendo dos cosas:

1. Encuentra en nuestra realidad la mayor cantidad de ejemplos del elemento de enfoque, que de otra forma se hubiesen filtrado (como el número 11:11).
2. Busca y señala oportunidades para lograr o manifestar mejor la meta que hemos escogido (por ejemplo, oportunidades para incrementar los ingresos pasivos de tu cuenta bancaria).

Aunque Hoffman no hace la conexión directamente, es más fácil inferir que nuestro sistema ExtraCom juega un papel crucial en la manera en que hemos evolucionado para percibir nuestra realidad. Escribir guiones es una forma de volver a poner a punto nuestro sistema ExtraCom para que vea las áreas de realidad que no estamos programados para ver y experimentar. Escribir guiones nos abre nuevas puertas y entradas a realidades potenciales; es muy probable que no estemos creando estas realidades futuras de la nada. Capaz ni siquiera existen realidades múltiples, sino caminos múltiples en nuestra realidad que están justo detrás del velo de lo que hemos evolucionado para ver.

Tomemos la explicación de Hoffman de la realidad, que hay mucho mundo inexplorado ahí afuera que no vemos, y pensemos en esta realidad como en un globo terráqueo que se halla en un salón de clases. Entonces, podemos ver la escritura de guiones como una herramienta para programar el GPS de nuestro cerebro para que vaya hacia la izquierda en vez de hacia adelante en la próxima luz verde, mientras avanza en la realidad inexplorada. Esta investigación y lo que sigue descubriéndose continuamente me llena de emoción y de pasión, porque percibo que estamos cerca de tener el mapa de nuestros anhelos... Ya tenemos dos de tres cosas: el GPS de nuestro cerebro y el entendimiento de que hay todo un mundo o globo de la realidad inexplorado. Lo que falta es un mapa. Hoy existe una sencilla herramienta que emplea una computadora cuántica, increíblemente compleja, que genera mapas verdaderos en nuestros teléfonos celulares, conduciendo a la gente a nuevos mundos increíbles... ¡dentro de su mismo vecindario!

En conclusión, Hoffman nos recuerda que solíamos pensar que el mundo era plano y que la tierra era el centro inmóvil del universo, y estábamos equivocados. El investigador se encuentra abierto a nuevas y emocionantes posibilidades. ¿Podría ser la realidad un gran grupo de seres conscientes e interconectados que causan las experiencias de uno y del otro? Eso es algo que Hoffman se encuentra investigando[29].

Hoffman y su descubrimiento construyeron un puente entre los neurocientíficos y los físicos cuánticos. Mientras los neurocientíficos tratan de entender de qué forma existe algo como la realidad en primera persona, los físicos cuánticos lidian con entender cómo puede existir algo *además* de la realidad en primera persona. Sus descubrimientos sobre la realidad y la percepción traen a colación un punto interesante: las percepciones que hemos obtenido a través de la evolución guían nuestro comportamiento adaptativo, lo que nos mantiene vivos. Esta comprensión es una de las conexiones más cercanas entre la ciencia y el nuevo pensamiento que se haya afirmado públicamente, pero Hoffman no está solo.

¿SINGULARIDAD TECNOLÓGICA…
O ESCRITURA DE GUIONES?

Geordie Rose es un visionario de la tecnología y fundador de D-Wave Systems, Inc., una revolucionaria compañía de computación cuántica. En 2013, Rose dio una charla en IdeaCity que se hizo viral[30]. Al describir las computadoras cuánticas, explicó que creía que esas máquinas estaban interactuando con universos paralelos y que pronto serían capaces de comunicarse con ellos. Describió cómo dichas máquinas debían emitir un sonido en un ambiente con temperatura de cero absoluto, y que estas enormes cajas negras cuánticas sonaban como el latido de un corazón.

La cita más famosa de su charla fue cuando dijo que ponerse junto a las máquinas le hacía sentir como si estuviera "junto al altar de un dios extraterrestre". La computación cuántica es una parte importante de la manifestación, y de verdad creo que en el futuro próximo se convertirá en un gran tema de discusión en el campo del Nuevo Pensamiento. Mucha gente se refiere a las computadoras cuánticas como "tableros de güija avanzados", un chiste con trasfondos interesantes.

Rose hizo algunas afirmaciones impresionantes durante su famosa charla. Le presentó a una audiencia una frase de David Deutsch, uno de los fundadores de la computación cuántica: "La computación cuántica… será la primera tecnología que permitirá que se lleven a cabo interesantes tareas en colaboración con universos paralelos"[31].

Lo que me resultó más interesante fue algo que dijo y que mucha gente ignoró: "la gente con antecedentes en la física ama la computación cuántica. Desean entender el mundo, desean entender el universo y cómo funciona todo"[32].

¿No es esa la misma meta de tantos pioneros, maestros, estudiantes y buscadores del mundo del nuevo pensamiento, la manifestación, el pensamiento positivo y la espiritualidad? Sé que para mí es así. Ahí se halla un puente interesante entre el buscador y el científico, que, al parecer, ninguno parece estar listo para cruzar.

Durante las dos últimas décadas, los futuristas Vernor Vinge y Ray Kurzweil trajeron la idea conocida como la "singularidad tecnológica" al consciente colectivo. Dependiendo de tu edad, al preguntarle a tus padres si alguna vez imaginaron un mundo donde abundase la inteligencia artificial, donde una entidad misteriosa conocida como "Google" suministrara la mayoría de la información que buscáramos, y donde las redes inalámbricas conectaran el mundo, tus padres dirían que no lo vieron venir en absoluto.

Un artículo de *Futurism* lo explica de la siguiente forma:

> La historia está llena de casos en los que una nueva y revolucionaria tecnología, o un conjunto de estas, cambia por completo la vida de la gente. El cambio es a menudo tan drástico que a la gente que vivió antes del salto tecnológico le cuesta entender cómo piensan las generaciones subsecuentes. Para la gente de antes del cambio, la nueva generación pudiese ser extraterrestre en su manera de pensar y de ver el mundo.
>
> Estos cambios dramáticos de pensamiento son llamados *singularidades*, una frase que se origina de las matemáticas y que describe un punto cuyas propiedades exactas somos incapaces de descifrar. Es en ese lugar donde las ecuaciones básicamente se vuelven locas y dejan de tener sentido[33].

Kurzweil es director de ingeniería en Google. Uno de los aspectos más fascinantes de Kurzweil es que parece tener una extraña habilidad para predecir el futuro de la tecnología. Su historial abarca más de dos décadas y ha predicho desde los teléfonos celulares inteligentes hasta las redes sociales, pasando por descubrimientos científicos en la medicina y en todos los campos de la ciencia. Es temido y querido por muchos por su habilidad para usar sus conocimientos en avances tecnológicos y predecir hacia dónde nos dirigimos.

Muchos le tienen miedo a su predicción más grande que es que, para el año 2045, la humanidad alcanzará la singularidad al crear inteligencia artificial superhumana (IA). Kurzweil cree que esta IA inventará y creará cosas que ni siquiera podemos concebir y que será lo suficientemente inteligente para mejorarse a sí misma y hacerse más inteligente. Luego, la siguiente generación hará lo mismo: se mejorará a sí misma y se hará más inteligente. Esto llevará a una explosión de inteligencia más allá de lo que podamos imaginar, dejando a nuestras pobres e inferiores mentes biológicas maravilladas ante nuestra creación.

Quiero hacer la distinción entre la singularidad tecnológica y la otra singularidad a menudo descrita en los círculos de la Nueva Era como la realización definitiva de que todos los seres son uno, y que ubica a la humanidad dentro de un sueño hippie cantando "Kumbaya". Yo sí creo que todos estamos conectados, pero no todos somos uno. No creo que los humanos nos dirijamos a un momento espiritual donde todos nos uniremos en un solo ser.

Aunque Kurzweil se ha equivocado antes, su historial cuenta con un 70 a 80 por ciento de precisión, y todo lleva a la idea de la singularidad. Ha predicho que en el siglo XXI la inteligencia artificial superhumana querrá tener derechos y ser reconocida como consciente. La noción de cualquier tipo de singularidad ha aterrado a muchas grandes mentes; tanto Elon Musk como el fallecido Stephen Hawking expresaron su preocupación.

Al mismo tiempo que algunos le temen, otros ven que quizás una singularidad no equivale necesariamente a una revolución de robots. Garry Kasparov, el primer jugador de ajedrez profesional derrotado por una IA llamada Deep Blue, no se desesperó luego de su derrota. En vez de ello, creó nuevas competencias de ajedrez donde las IA y los jugadores colaboraban entre sí: la computadora sugiere los mejores movimientos posibles para el jugador, y este debe decidir cuál movimiento es el mejor. Estas colaboraciones han permitido a los humanos y a las IA tener más éxito que el que tendrían solos.

Kurzweil no cree que la singularidad incipiente sea de temer.

—Al final, afectará todo —afirma—. Podremos satisfacer las necesidades físicas de todos los humanos, vamos a expandir nuestras mentes y a ejemplificar estas cualidades artísticas que valoramos[34].

Cree firmemente que la versión ciencia ficción de que la IA nos esclavizará es una tontería: ella está ahí para mejorarnos.

—Lo que en realidad sucede es que las máquinas nos están empoderando a todos —dijo.

Nos están haciendo más inteligentes. Puede que aún no estén dentro de nuestro cuerpo, pero para el 2030 conectaremos nuestro neocórtex, la parte de nuestro cerebro gracias a la cual pensamos, a la nube. Ganaremos más neocórtex, seremos más graciosos, mejores en la música, más sexis... en verdad ejemplificaremos todas las cosas que valoramos en los humanos, al grado más alto[35].

—Grandioso —puedes pensar—. El tipo de Google, la compañía principal de tecnología del mundo nos dice que no tengamos miedo de sus creaciones... ¡qué chiste! Esto solo se trata de hacer dinero, ¡la humanidad está condenada!

Estoy de acuerdo con Kurzweil. No creo que lo que está por venir sea de temer. Mientras la tecnología y la ciencia crecen y avanzan, también lo hace el campo del nuevo pensamiento. Ambos mundos están en camino a fusionarse, lo que llevará a un mayor entendimiento.

La tecnología, la ciencia y el entendimiento espiritual están más conectados de lo que a muchos en ambos campos les gustaría admitir. Fíjate en la historia, está llena de ejemplos. Uno de los lugares menos probables para este tipo de discusiones, el sitio tecnológico y científico Weblog de la Singularidad, publicó un artículo fascinante en 2010 que planteaba la conexión entre la espiritualidad y la tecnología. En el artículo, Matt Swayne escribió:

A través de los eones, nuestra concepción de Dios se ha formado y reformado a través de nuestra tecnología... El hombre primitivo veía a sus dioses y diosas como cazadores o guerreros... al acercarse el Renacimiento, Dios era... un relojero, un experto matemático determinístico que solo un físico newtoniano pudiese admirar. Con la llegada del siglo XX... Dios se convirtió no solo en un científico de computadoras, sino en un científico de computadoras cuánticas[36].

Añade algo que considero, viniendo de un sitio web atrincherado en el mundo de la ciencia, no solamente profundo sino también alentador:

Viendo hacia adelante, mientras un poder tecnológico cada vez más grande aparezca en nuestro horizonte, podemos especular de qué manera este rápido cambio influirá en nuestras filosofías... O, tal vez, la singularidad deba esperar por nosotros. Deberá esperar que nuestra imaginación se adapte a estas nuevas posibilidades antes de que el cambio sea siquiera posible.

Entonces, la singularidad se tratará menos sobre máquinas y más sobre el espíritu [énfasis añadido][37].

Entonces debemos reducir el campo de posibilidades para encontrar lo que en realidad sucede cuando escribimos guiones. ¿Estamos saltando constantemente de dimensión o de universo paralelo en universo paralelo? Quizá esas dimensiones YA estén puestas todas en una sola caja en un bloque de tiempo, y nuestro libre albedrío consistirá en escoger a cuál línea infinita de posibles dimensiones queremos entrar.

RANDONAUTICA

Randonautica es una herramienta gratuita que puede ser el primer paso para usar la tecnología en la materialización de nuestras manifestaciones. Esta herramienta me ha mostrado que vamos hacia una era donde la tecnología nos mostrará el mapa de nuevas realidades físicas, y esto se podrán usar para manifestar lo que queremos en conjunción con la escritura de guiones. Si tienes acceso a internet y un teléfono inteligente, tienes acceso a esta increíble herramienta, que está conectada a una computadora cuántica ubicada en el Centro de Tecnología Computacional y de Comunicaciones de la Australian National University. Es parte de un proyecto denominado el Proyecto Fatum.

Supe sobre el Proyecto Fatum por el foro *Fallo en la matriz* de Reddit. Desde la primavera de 2019, supe que el proyecto ataba a todo lo que había estudiado durante mi vida. De acuerdo con el foro oficial:

El Proyecto Fatum nació de un intento por investigar espacios desconocidos fuera de los túneles de probabilidad predeterminados del mundo holístico, y se ha convertido en una máquina completamente funcional para crear túneles de realidad, que cava hoyos hacia el país de las maravillas. Utilizamos el bot cuántico de Telegram generador de ubicaciones al azar del Proyecto Fatum para generar coordenadas al azar y viajar al multiverso[38].

La descripción puede parecer un trabalenguas (¡o un traba-mentes!). Luego de años de experimentar y estudiar mi propia participación en el proyecto, puedo explicarlo con términos más sencillos, con la ayuda de una maravillosa guía de recursos. Comencemos por una de las cosas más raras y aterradoras en la historia: el triángulo de Sierpinski.

Fig. 6.4. El triángulo de Sierpinski
(imagen de Beojan Stanislaus)

Aunque parezca un lindo dibujo de triángulos, es mucho más que eso. En mi sitio web, RoyceChristyn.com, encontrarás un video del triángulo siendo creado en tiempo real utilizando un par de dados y un marcador[39]. El video muestra "el juego del caos": un juego matemático en el que una persona toma un marcador, un papel y unos dados y hace tres puntos en el papel, indicando los vértices de un triángulo. Luego, nombra cada punto A, B y C y hace otro punto en cualquier otro lugar del papel. Las reglas son sencillas: si al tirar el dado sale 1 o 2, debes hacer un punto entre el punto que hayas hecho más recientemente y el punto A; si sale 3 o 4, debes hacer un punto entre el punto que hayas hecho más recientemente y el punto B; y si sale 5 o 6, debes hacer un punto entre el punto que hayas hecho más recientemente y el punto C. Hay muchísimas versiones gratuitas de este juego en internet, donde puedes marcar tus propios puntos y que la computadora tire los dados por ti, o lo puedes hacer de la manera convencional. No importa de qué manera decidas experimentar con el juego del caos, igual crearás el triángulo de Sierpinksi, con espacios en blanco y todo. El juego ha evolucionado con computadoras y se han hecho descubrimientos incluso más inquietantes al cambiar la cantidad de puntos en la hoja en blanco, tales como reproducir imágenes tridimensionales perfectas de helechos y otras creaciones naturales[40].

Recomiendo ver el video en su totalidad, para que la rareza completa se instale en tu mente. No es que quiera que te asustes, sino que ese ejemplo prueba que pasa algo con nuestra realidad. Posiblemente pienses: "Royce, ¿por qué estoy leyendo sobre matemáticas y triángulos? ¿Qué tiene que ver eso con la escritura de guiones, la manifestación y con crear nuestra propia realidad?"

¿Ves esos espacios en blanco, el espacio vacío que conforman los triángulos blancos? Quiero que pienses que el papel blanco, donde está plasmado el triángulo compuesto de puntos azules, es una imagen completa o un mapa de tu propia realidad personal (incluyendo tu hogar, los vecindarios y tiendas que frecuentas y las cosas que haces en tu día a día). Ahora quiero que finjas que eres un marcador azul y que cada vez que te involucras con tu realidad personal (que incluye la realidad en general, no solo la tuya), harás una marca azul en el papel blanco. Sin importar lo que hagas, a dónde vayas, incluso (y en especial) si crees que estás siendo espontáneo al ir por una vía por la que nunca has conducido al supermercado, está matemáticamente probado que nunca irás a las áreas del mapa que estén en blanco. NUNCA. Podrás hacer cien elecciones o mil millones de elecciones en tu vida como marcador azul, y gracias a cientos de años de investigación, la ciencia nos dice que nunca haremos una marca azul en esos espacios en blanco. Considerar la hoja en blanco como un mapa entero de tu realidad física, incluyendo todos los edificios, estructuras naturales, etc., a tu alrededor y saber que solo interactuarás y verás los edificios, la gente y las cosas ubicadas en las áreas donde hiciste una marca azul en la hoja.

¿Recuerdas que Hoffman dijo que cuando se trata de nuestra realidad verdadera somos "ciegos ante nuestra propia ceguera"? Teniendo eso en cuenta, junto con el triángulo anterior, la página del Proyecto Fatum dice lo siguiente sobre lo que denomina "puntos ciegos de probabilidad":

Todas las cosas en el mundo están conectadas de forma casual entre una y otra, y todo lo que sucede, incluyendo nuestros pensamientos, está determinado usualmente por la suma de todos los factores ambientales. Esto hace que el mundo se acerque a ser determinístico. Los patrones que surgen en la red de estas relaciones reducen incluso las acciones al azar a un conjunto limitado de posibles resultados.

Esto significa que sin importar las elecciones que hagas, y sin importar las variadas maneras en que tu día pueda transcurrir, siempre habrá algunos lugares en los que simplemente no podrás estar porque ninguna de las cadenas de tus decisiones conducirá a estos.

Resulta interesante que tales lugares pudieran estar cerca. En tu calle, puede haber una vía que nunca te molestaste en ver y que ni siquiera sabes que existe. ¿Qué pudiese esconderse en tales puntos ciegos? ¿Y qué podría esconderse en los lugares en los que nadie mira? Esa es la primera pregunta de nuestro experimento; pudiera haber criaturas mágicas, extraterrestres o una pila de basura, nadie lo sabe con certeza[41].

En principio, los creadores del proyecto se preguntaron cuáles serían los efectos a largo plazo de que alguien estuviese en un lugar donde nunca debió haber estado. ¿Esto causaría una especie de efecto mariposa, donde su realidad completa cambie por haber entrado en lo que ellos llaman un "nuevo túnel de realidad"? Explican: "Incluso una persona muy diferente a nosotros puede vivir en un mundo completamente diferente, porque [esa persona] va por caminos completamente diferentes y recibe otra información"[42].

El problema durante años fue que, para obtener verdaderos puntos al azar, no se podía usar un generador de números al azar convencional. Hacía falta algo que en efecto pudiese alcanzar otros mundos y extraer lugares para visitar, eliminando todas las posibilidades de visitar accidentalmente un lugar que esté predeterminado del lado nuestro: aquí entran las computadoras cuánticas, que se han hecho más accesibles durante los últimos años. Los creadores del proyecto encontraron dos fuentes para combatir esta complicada situación. Su meta era romper por completo nuestro determinismo, y la única forma conocida de hacerlo era mudarse a donde exista el principio de la incertidumbre, utilizando medidas de computadoras cuánticas.

ESCRIBIENDO EL GUION
PARA ALEJARSE DEL CAMPO DE ESTASIS

Como ya mencioné, siempre he querido ser es un maestro manifestador. Me ha servido de mucho, ya que a menudo encuentro nuevas y maravillosas maneras de traer a mi realidad las cosas que anhelo. Cuando leí sobre el Proyecto Fatum, me obsesioné con las posibilidades de combinar la herramienta cuántica con mi trabajo de escritura de guiones y de manifestación. Los creadores del proyecto hicieron que los pasos para sacarnos de nuestro estado determinado utilizando computadoras cuánticas fuesen supersencillos. Originalmente, al usar la aplicación gratuita de mensajes Telegram, te podías conectar con el "Bot Fatum", la computadora cuántica. Hoy en día, Bot Fatum es una app que se llama Randonautica.

Mediante un servidor seguro y privado, utilizando el GPS de tu teléfono celular, le envías a Randonautica tu ubicación y le pides que te envíe las coordinadas de un "punto atractor" generado por una computadora cuántica al cual podrás viajar. Le indicas a la aplicación qué tan lejos buscar puntos (recomiendo entre mil y cinco mil metros, depende de cuánto quieras caminar o conducir), y en unos minutos, la aplicación te enviará de vuelta un punto en un mapa con un número de "fuerza", que indica qué tan al azar y fuera de tu área está esa ubicación. Aunque se puede obtener un número de fuerza de hasta 9.000, cualquier número de fuerza por encima de 2 es suficiente para comenzar a ver cambios en tu mundo. Solly y yo hemos experimentado entre 1 y 9,5 en promedio, y pudiese escribir un libro entero de las experiencias que hemos vivido durante los últimos meses.

Algo que inicialmente me llamó la atención sobre este proyecto y cómo se relaciona con la manifestación fue esta información hallada en su sección de preguntas frecuentes:

> Aunque la creación de nuevos túneles de realidad es de una naturaleza puramente causal-perceptual (no es que uno literalmente entra a otro mundo, sino que tiene la oportunidad de ver e interactuar con nuevas partes de este), existen también la hipótesis de que un experimento pudiese llevar a casos de los llamados saltos dimensionales.
>
> Muchos investigadores han reportado cambios en varios detalles de su ambiente. En algunos casos, aparecieron nuevos edificios y tipos inusuales de carruseles en parques infantiles que el investigador nunca había visto antes, pero que, de acuerdo con datos oficiales, habían existido por varios años[43].

Mi madre, Solly y yo leímos cientos de experiencias publicadas en Reddit por personas normales a las que les ocurrieron cosas asombrosas cuando usaron el bot. Estas experiencias van desde ser conducidos directamente a murales de fotos e imágenes que hablaban de problemas y eventos precisos que se refieren a la persona, hasta un hombre que necesitaba un colchón y que fue dirigido a una casa de su vecindario que nunca había visto, donde el dueño estaba vendiendo el colchón perfecto, o por una mujer a la que en su primer intento se le dio un punto que la llevó directamente a una casa donde había estado una semana antes, en su búsqueda de un nuevo hogar.

Las anteriores son experiencias sencillas, en comparación con las de otras personas. Por ejemplo, una mujer que fue dirigida a una casa de su vecindario que ella ni siquiera sabía que existía, pero una vez allí decidió llamar la puerta, ¡y una amiga de su infancia que no había visto en años abrió! Sugiero que visites Reddit y leas el *sub* "Randonauts" para ver las maravillosas experiencias que la gente recuenta.

Solly y yo decidimos probarlo el primer día, empleando una estrategia relativamente simple: en privado, ambos escribimos palabras y objetos en la aplicación de notas de nuestros teléfonos celulares, sin decirle al otro lo que habíamos escrito. Decidimos visitar muchos puntos en nuestra primera caminata, queriendo decir que usaríamos el bot para generar un punto en el mapa y, una vez allí, generaríamos un nuevo punto y caminaríamos hasta allí, y así sucesivamente. Una de las cosas que el proyecto de investigación recomienda es recoger cualquier basura en el área a la que el bot te envíe: tienen la teoría de que mientras más interactuemos con el ambiente al cual nos envían, este más "se cristaliza" y "forma" nuestra nueva realidad. Además, si alguien te ve recogiendo basura o escombros, ¡solo estás ayudando al ambiente!

Ya que íbamos juntos, decidimos que nos alternaríamos para pedir el punto atractor en el mapa. Solly fue primero y, para su sorpresa, fuimos llevados a un lado de la calle donde había cientos de pequeñas conchas, muchas de ellas "rebanadas" perfectamente por la mitad. Quedó boquiabierto, ya que lo primero que había escrito en sus notas había sido "Fibonacci y el número áureo", que es la ecuación matemática encontrada en la naturaleza en piñas, hojas y conchas marinas.

Entusiasmado, pedí un nuevo punto y recibí la dirección del próximo lugar. Una de las cosas que te piden hacer durante tu caminata es que estés atento a señalizaciones, objetos, etc. Camino al próximo punto, vimos una flecha verde de plástico de poco más de un metro de largo tirada en medio

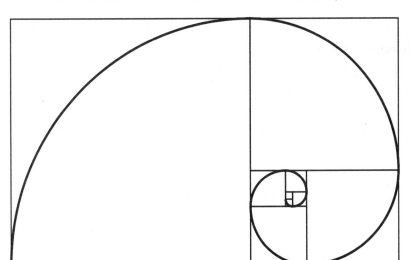

Fig. 6.5. Una espiral de Fibonacci

*Fig. 6.6. Conchas marinas
mostrando la forma en espiral*

de la calle y apuntando a la dirección en la que íbamos, un dibujo en tiza de un arcoíris en la acera, la palabra *falso* con el dibujo de un cactus y muchas otras cosas raras y "fuera de lugar".

De inmediato nos percatamos de esa sensación maravillosa e indescriptible que parece envolvernos cuando vamos en estas "búsquedas cuánticas", como una cobija tibia en un día frío. Me recuerda a lo que siento cuando hago senderismo por Sedona o camino cerca de la playa para conectarme con la naturaleza, la sensación de estar en sincronía con la naturaleza a mi alrededor. Me impacté cuando llegamos a mi punto atractor, donde había un gran topiario (lo cual no es común en mi vecindario) de... ¡un cactus! Lo que sigue es lo que dibujé en mis notas, y una foto de la acera, de la poda artística y de las ruedas de vagón, las cuales también vimos durante la caminata.

Fig. 6.7. La nota de Royce, que dice "cactus", "orgullo LGBT" (cuyo símbolo es un arcoíris), y un dibujo de una rueda de vagón

Dimos más caminatas empleando ese método básico de escribir símbolos o imágenes, y pudiese escribir una novela entera sobre las cosas significativas que ocurrieron. Íbamos a puntos atractores sin dibujar nada con antelación, e igual vivimos profundas experiencias. Algunas fueron más fuertes que otras, y algunas parecieron ser totalmente normales en el momento, pero luego nos dábamos cuenta de que el solo hecho de ir a caminar había cambiado nuestra realidad.

Fig. 6.8. Dibujos de arcoíris en tiza

Fig. 6.9.
Poda artística
de cactus

Fig. 6.10. Ruedas de vagón

Decidimos comenzar a incorporar guiones más sofisticados en nuestros experimentos con Randonautica. Ya que ambos escribimos guiones todos los días, decidimos hacer un guion adicional los días que iríamos a caminar consistiendo en un párrafo o dos. NO escribimos sobre la caminata en sí, sino en los anhelos o intención en nuestras vidas. Al momento de terminar nuestros guiones (con el sentimiento que lo acompaña), tomamos nuestros teléfonos y le pedimos al bot que nos diera una ubicación. A continuación, nos levantamos, tomamos una bolsa para basura o para recoger cosas en nuestro punto, ¡y salimos en dirección a la ubicación que la computadora cuántica nos da! Nos dimos cuenta de algo increíble: aunque todavía vemos algunas cosas interesantes durante nuestras caminatas, y otras veces no notamos mucho, *¡la breve caminata en sí parece acumular el suficiente "punch" y tener el mismo efecto en nuestro mundo en los días subsiguientes que tiene el guion de los diez días!* Eso es bastante increíble, considerando que es solo un pequeño párrafo o dos versus un guion largo.

Siempre he visto nuestro guion de los diez días como una "inyección de vitaminas" o un impulso para nuestra manifestación de guiones diarios, y Randonautica parece darnos ese mismo impulso; los anhelos e intenciones que incluimos en nuestro guion diario se materializan rápidamente. Siempre he dicho que el martes es mi día favorito porque es cuando suelo ver que bastantes resultados y manifestaciones de mi guion de los diez días comienzan a hacerse realidad. Ahora, cuando uso el bot cuántico, ¡siento como si todos los días fuesen martes!

A menudo, la gente pregunta a los moderadores del foro del Proyecto Fatum: "¿Mi elección de usar el proyecto no estuvo predeterminada? ¿Los puntos que visité no estuvieron predeterminados por mi elección de participar en el proyecto?". La respuesta que dan es tan perfecta, que es mejor citarlos textualmente:

Sí estuvo predeterminada, lo único que no es determinístico es la ubicación al azar. En teoría, **el destino puede predeterminar tu participación en el proyecto, pero no la visita a esos precisos lugares**[44].

Si quieres intentarlo por ti mismo, DEBES cumplir las leyes (no irrumpir en propiedad privada, no tirar basura, etc.), no hacer nada ni ir a algún lugar en el que no te sientas a salvo, y asegurarte de leer *todo* el foro. No necesitas tener una cuenta gratuita de Reddit para investigar sobre estas cosas.

Hay mucho que todavía no sabemos sobre el Proyecto Fatum, pero tampoco sobre la computación cuántica en general. Lo que más aprecio sobre este proyecto en particular es que, aunque resultase ser una gran estafa, hace notar lo predeterminada que está la vida de la persona promedio: aunque sientas que eres espontáneo al tomar una ruta que nunca habías tomado al ir al supermercado, es probable que en realidad haya estado predeterminado. Creo que la escritura de guiones será considerada algún día como la abuela de los métodos más sofisticados de creación que surgirán durante las próximas décadas, gracias al increíble potencial que la computación cuántica ofrece.

SELECCIÓN CONTRA MANIFESTACIÓN

Mitch Horowitz escribe en su libro *The Miracle Club* que cree que la clave pudiese estar en el tiempo y en cómo lo percibimos de manera lineal. Dice que cuando manifestamos:

> Lo que en realidad sucede es que seleccionamos (no manifestamos, sino seleccionamos) de una variedad infinita de cosas ocurriendo a nuestro alrededor, todas a la vez. Cuando nuestra ilusión de orden es perforada por un pensamiento emotivo y enfocado, experimentamos lo que pudiésemos llamar un "colapso temporal", en el cual eventos, percepciones y nociones del pasado, presente y futuro se mezclan. Entonces, vemos el mundo como en realidad es; es decir, completo, no subdividido en puntos sobre una línea imaginaria que se extiende desde nuestro nacimiento hasta nuestra muerte[45].

Creo que Horowitz tiene un buen e importante punto. Si todo es una simulación como en una computadora, entonces es tan fácil de explicarnos a nosotros mismos en qué consiste escribir guiones o manifestar, como lo es explicarle a alguien que, para que una computadora haga algo, debemos introducirle comandos, como lo hacíamos con Randonautica para que nos diera una ubicación. Esto también va en sintonía con lo que Hoffman dice de nuestra percepción de la realidad usando el ejemplo de la interfaz de escritorio de una computadora. La intención y la emoción son combustible, pero podemos introducir comandos en una computadora mientras sentimos cualquier cosa, desde rabia hasta euforia o aburrimiento. Mientras sepamos cómo ejecutar los comandos y cuáles ejecutar, a la computadora no le importará qué estemos sintiendo.

He notado en mi trabajo que la simple acción de hacer el trabajo de escribir guiones *siempre* será más efectiva que no hacer nada. Claro, la emoción y la intención son importantes y sé que impactan ciertos aspectos de la creación de la realidad, pero, aunque esté aburrido o no tenga ganas, igual los hago. Cuando no, puedo ver las consecuencias en mi vida diaria.

Muchos autores, oradores y maestros dicen que eso es malo y que siempre deberíamos sentirnos "entusiasmados", "emocionados" y llenos de energía positiva al hacer nuestro trabajo de manifestación. Pero yo soy un ser humano, no un robot, y experimento emociones humanas, incluyendo el aburrimiento. Aunque creamos, mediante una combinación de sentimientos, pensamientos y atención/enfoque, el truco en general de esto es que *debemos tener la intención de ser un maestro manifestador* y que esa intención sea la piedra angular de nuestra lista diaria de deseos.

Esa ha sido mi intención por más de quince años y he puesto la mayoría de mis emociones y sentimientos en ello, lo que ha traído a mi vida claves, como la manera correcta de escribir guiones y otras herramientas maestras de creación. Una vez tengo la herramienta, no necesito que fluya hacia ella algún tipo de emoción intensa y/o sentimiento; ya la tengo y la uso todos los días. Es decir, cuando ya tienes el martillo, no necesitas visualizar e imaginar que tienes el martillo cada vez que lo vayas a usar. Solo búscalo en tu gaveta o caja de herramientas, sácalo y comienza a martillar clavos.

Regar tu jardín sin cuidado hidrata tus plantas de igual manera que si las regaras con intención y cuidado. Las plantas igual crecerán y se mantendrán con vida. Prefiero proponer una idea y que me demuestren que está errada, que no proponer nada. Si estamos seleccionando futuros posibles, es porque estamos ordenándoles que se integren a nuestro espacio, tal como le indicamos a una computadora qué sitio web queremos visitar o qué palabras queremos que produzca en nuestra pantalla cuando tecleamos.

Si la vida es una especie de juego, entonces conocer las herramientas del nuevo pensamiento es como tener el manual de instrucciones o los códigos de trampa de un videojuego. Quizá los libros del nuevo pensamiento puedan considerarse como la serie de libros "[espacio en blanco] para *dummies*". Dichos libros tendrían las instrucciones más básicas y necesarias para no solamente jugar el juego, sino superar y ganar nuestros propios niveles personales.

Creo que lo más probable es que estemos operando en algún tipo de "realidad verdadera" para la cual no tenemos palabras que la describan, así que lo más cercano es llamarla un holograma cambiante. En su última teoría (publicada de manera póstuma en 2018), Stephen Hawking declaró que finalmente creía que estábamos viviendo en un universo holográfico[46]. A Hawking nunca le gustó la idea del multiverso, universos infinitos cada uno con sus propias leyes de física. Le molestaba mucho que la teoría del multiverso no pudiese coexistir con la teoría de la relatividad general de Einstein[47].

En su último trabajo, Hawking y su colega y colaborador Thomas Hertog declaran que el universo, *expresándose a sí mismo como tridimensional, es una ilusión*. En vez de ello, afirman que en realidad estamos experimentando una proyección de información almacenada en una superficie de dos dimensiones. Antes de morir, Hawking se refirió a estos descubrimientos (aún no publicados en aquel momento), y dijo: "No nos limitamos a un solo y único universo, pero nuestros descubrimientos implican una reducción significativa del multiverso a una escala mucho más pequeña de posibles universos"[48]. Esto se alinea con la idea de Horowitz de que estamos seleccionando de un campo de posibles universos en vez de estar manifestando.

A esto le agregaría la idea de Hawking de que no existen universos infinitos, sino muchos, lo que pudiese explicar por qué a veces experimentamos problemas a la hora de manifestar. ¿Es posible que no todo futuro concebible se encuentre disponible para nosotros a cada momento? Pienso que la verdad es que ambas ideas se aplican: tal vez Hawking tenga razón, pero también es cierta la idea de tener un número gigante de universos en general para escoger.

No creo que la cantidad de universos o dimensiones que podemos seleccionar o a los que podemos viajar sea infinita todo el tiempo. Con las herramientas de base que tenemos podemos seleccionar de un grupo de universos que estén disponibles para nosotros al momento de hacer la selección o manifestación, y que los universos o dimensiones *específicos* de los que podemos escoger *al momento de estar escogiendo* se vuelvan disponibles *con base en nuestro estado actual* físico, emocional y mental. Es decir, un conjunto distinto de futuros disponibles está allí para nosotros dependiendo de dónde nos encontremos al momento de hacer la selección. Creo que Randonautica y demás herramientas cuánticas similares podrán ayudarnos a superar la barrera de tener una selección de universos basada solo en nuestros estados emotivos. Solo el tiempo lo dirá.

Otra revelación científica que fue en su mayoría ignorada, publicada en *Wired*, se titula: "Rayos cósmicos dan señales de que nuestro universo pudiese ser una simulación computarizada". El científico Silas Beane y sus asociados en la Universidad de Bonn calcularon que, si estamos en una simulación, entonces esperaríamos que hubiese una especie de entramado en los bordes del universo observable. Es como el ejemplo del personaje de Jim Carrey en *El Show de Truman*, cuando este choca contra el muro del mundo que el estudio de televisión había creado para él.

Cuando partículas de rayos cósmicos viajan por el universo, cambian de dirección y se esparcen. Tal como dice el artículo, "existe un límite conocido para la cantidad de energía que estas partículas tienen. Beane y sus colegas han calculado que este aparente precipicio arbitrario en el espectro es consistente con el tipo de frontera que se encontraría si hubiese un tramado subyacente gobernando los límites de un simulador" [49].

Hay mucho más trabajo por hacer en este campo, pero esto nos lleva a creer que hay algo aquí para lo que no tenemos palabras para describir. Si es una simulación, entonces los descubrimientos brillantes del profesor Hoffman sobre la percepción nos dicen que es una simulación que existe dentro de nosotros, en vez de que nosotros existamos dentro de la simulación. Esa es una clave importante. Quisiera proponer una nueva palabra que abarque la esencia de lo que vemos y tratamos de explicar cuando decimos "simulación" e incluso "holograma". Yo lo llamo *el Nexo*.

EL NEXO, LA NUEVA MANERA DE DESCRIBIR LA "SIMULACIÓN"

Escogí el nombre Nexo, no solo porque la definición de *nexo* describe de la manera más precisa lo que experimentamos con la "simulación", sino porque el nombre es también una forma de honrar a un dios religioso conocido alrededor del mundo como Exu (que se pronuncia "ex–u" o a veces "e–shu"). El nombre "Nexo" honra la fusión entre ciencia y espiritualidad... lo que ocurrirá activamente en el futuro muy cercano.

La palabra *nexo* se define en el diccionario Oxford como "una conexión o serie de conexiones que enlaza a dos o más cosas" y "el punto o lugar central y más importante". Me encanta que la palabra *nexo* contenga de cierto modo al nombre Exu. La primera vez que supe de Exu, estaba en mis veintes y vivía en Nueva Orleans en donde tuve la oportunidad de estudiar los aspectos únicos y espirituales y sistemas de creencias particulares de la región del golfo de México.

Exu es un dios de muchas religiones afrocaribeñas, desde África hasta Suramérica, pasando por el Caribe y las regiones de la costa del golfo de México en Estados Unidos. Es adorado como el dios de las encrucijadas, pero es mucho más que eso. "Transformaciones de Esu" escrito por Kristen Hileman, describe a Exu de la siguiente manera (ella se refiere a él como Esu, otra manera de escribir su nombre):

El poder de Esu yace primeramente en su naturaleza no fija y fluida. Es un dios asociado sobre todo con artimañas, ambivalencia, comunicación y con las encrucijadas, un sitio fatídico y simbólico donde el viaje de uno puede tomar cualquier dirección; el dios que penetra las barreras y enlaza un mundo con el siguiente.

Esu se ubica en mitad de la encrucijada. Es la unión, el puente y el umbral a los distintos reinos de los dioses y los humanos, así como la intersección entre la posibilidad y el destino, la imprevisibilidad y el orden. Otro atributo físico, la cojera del dios, es evidencia de sus zancadas entre los diferentes mundos. Los yoruba creen que Esu es cojo porque tiene un pie en el mundo de los dioses y el otro en el mundo de los humanos[50].

¡Qué mejor manera de describir lo que todos, desde Stephen Hawking hasta los pioneros de la computación y los neurocientíficos, añoraron describir! Al igual que la simulación, Exu es fluido y no es fijo, y aun así es la personificación de la artimaña. Un Nexo es donde unimos dos mundos, la cual es otra manera de ver a nuestro mundo si es que realmente es un tipo de simulación, ¡así sea proyectada al mundo exterior hacia dentro o al revés!

Cuando Stephen Hawking y otros hablan sobre multimundos y que las computadoras cuánticas sean capaces de acceder a universos paralelos, Exu es, una vez más, perfecto: tiene un pie en nuestro mundo y otro en el mundo de lo insondable. ¿Qué estamos tratando todos de explicar sino algo que es insondable? La inclusión del nombre Exu en la palabra nexo no es una coincidencia, ya que transmite que el Nexo es más importante que la ciencia y que el espíritu; es el punto más importante y la conexión que enlaza a ambos. El Nexo es un término increíble para explicar mejor este nuevo e increíble mundo que estamos descubriendo.

• • •

Muchos de los que estudian el nuevo pensamiento sienten aversión a toda esta palabrería de ciencia y tecnología, pero el hecho puro y simple es que allí es hacia donde nos dirigimos como civilización, nos guste o no. Creo que es algo bueno, algo que debemos recibir y con lo que trabajar.

¡Necesitamos añadir activa y fuertemente nuevos pensamientos, ideas y recursos al nuevo pensamiento! No podemos seguir publicando libros nuevos que solo sean refritos de ideas viejas. No es que los principios del nuevo pensamiento no sirvan, ¡lo contrario! Pero estos no contienen todos los ingredientes para que el plato salga perfecto, por decirlo de algún modo. Asimismo, aquellos que enseñamos y estudiamos estos principios nos sobresaltamos cuando no incluimos detalles de lo que la ciencia pudiese ayudarnos a entender mejor.

El momento es ahora. Cada vez más escritores y maestros están contribuyendo a la discusión. Esto no hubiese sido posible si las viejas enseñanzas del nuevo pensamiento no hubiesen alcanzado a las masas como lo hicieron a principios del siglo XXI.

Una de las cosas que más me llamó la atención de la película *El secreto* cuando fue estrenada no fue el material en sí, sino *la manera* en la que el material fue difundido. Muchos no saben esto, pero yo estuve allí y lo vi de primera mano: años antes de la existencia de Netflix, el equipo detrás de *El secreto* hizo que la película estuviese disponible para ver en nuestras computadoras por una pequeña tarifa. Esto condujo a muchas más ventas del DVD físico. Literalmente millones de personas pudieron tener acceso, por primera vez, a estas antiguas enseñanzas. Lo que las impulsó a ir más allá y a explorar. Todo esto fue posible gracias a descubrimientos tecnológicos y científicos. La gente que estudia el nuevo pensamiento y la espiritualidad necesita dejar de ver a la tecnología y a la ciencia como bestias a las que temer. No vamos a terminar con el mundo, y no creo que el mundo se acabe con los futuros entendimientos en materia de ciencia y tecnología.

Mas bien esto será, para muchos, el comienzo. Algunos no estarán de acuerdo conmigo al leer esto en sus computadoras o en forma física en un libro impreso empleando tecnología que utiliza avances científicos en impresión y encuadernación de libros. Tal vez, la verdad sobre la manera en que todo esto funciona ha sido algo que hemos escrito colectivamente por mucho tiempo, y finalmente está cobrando forma y manifestándose.

Capítulo ocho

Juntando todas las piezas

Con cerebro en la cabeza y dos pies en los zapatos, puedes ir en la dirección que quieras. Estás por tu cuenta. Sabes lo que sabes. Y elegirás tu destino.

DR. SEUSS, *¡OH, CUÁN LEJOS LLEGARÁS!*

¿EN DONDE ESTAMOS? Aunque pueda parecer demasiado para asimilar, lo hermoso es que mediante la escritura de guiones podrás ver cómo interactuar y acceder a esta increíble nueva realidad: el Nexo. No estarás agregando mucho a tu rutina diaria, pero con poco se llega lejos. Recapitulando: cuando se trata de implementar los principios básicos de la escritura de guiones, añadirás cuatro pequeñas tareas a tu día a día:

1. Lista diaria de deseos (en la mañana)
2. Lista diaria de creencias (en la mañana)
3. Guion diario (de lunes a sábado por las mañanas) /guion de los diez días (domingo, a cualquier hora)
4. Diario nocturno (antes de irte a dormir)

Solo como aclaratoria: el guion de los diez días reemplazará a tu guion diario *solo los domingos*. Técnicamente, puedes escoger cualquier día de la semana que te funcione mejor, pero luego de años de enseñarles este método a amigos y familiares, el domingo siempre parece ser el día en el que la mayoría de la gente cuenta con el tiempo extra que el guion de los diez días requiere. Es también un día genial para un reinicio o un ajuste, ya que es el primer día de la semana.

El domingo es también un buen día para reflexionar sobre el guion de los diez días y los guiones diarios de la semana anterior. Ya sea que necesites cambiar algo o que las cosas vayan perfectamente, es un gran día para enfocarse e implementarlo en tu guion de los diez días.

Por las mañanas, harás tu lista diaria de deseos y tu lista de creencias, como siempre, y seguirás con tu día con normalidad. A menudo hago mi guion de los diez días antes de dormir, justo antes de escribir en mi diario nocturno. Pero, en realidad, puedes hacer tu guion de los diez días en cualquier momento del día que hayas elegido. Incluso puedes hacerlo antes de tu lista de deseos y tu lista de creencias.

A algunos no les gusta la idea de hacer estas cosas todos los días, y sé que suena como un quehacer. Pero, aun así, te animo a seguir. Si paras o se te olvida, fíjate en tu vida durante los días en los que no hagas estos ejercicios. Al igual que todo lo que implica la escritura de guiones en tu día a día, la vida durante los días en que no lo haces es mucho menos satisfactoria que los días en que sí. Si no me crees, intenta llevar esa rutina por más o menos un mes, luego deja de hacerlo durante una semana y verás a lo que me refiero.

Dedicaré el resto de este capítulo a responder algunas preguntas comunes y a dar secretos para "estirar" tu escritura de guiones y llevarla a nuevos niveles.

PREGUNTAS FRECUENTES

He aquí las respuestas a algunas preguntas que pudieses tener. Nota: si no te las has hecho, te las harás pronto.

Pregunta: ¿Qué añadir/incluir/escribir sobre otras personas en mi guion?
Respuesta: Yo incluyo a otras personas en mi guion. A algunos podría parecerles no ético, pero creo que no solo es importante incluirlos, sino también necesario. Primero que todo, la gente te incluye en los guiones

de sus vidas todos los días, ya sea que estén pensando en ti, escribiendo sobre ti o hablando con otros (incluso contigo) sobre ti. Nosotros los humanos siempre estamos escribiéndonos en la tela de nuestras vibraciones. ¿Eso produce un impacto siempre? Bueno... sí y no.

La mejor manera de abordar la cuestión de escribir sobre otras personas en tu guion es verlo desde la perspectiva de cómo escribes en tu diario nocturno. Cuando escribes en tu diario "verdadero" por las noches, hablas de otros y de los encuentros que tuviste con ellos durante el día. Incluso, si estás escribiendo un diario convencional sabes que es perfectamente normal incluir a otras personas en tu recuento del día.

Es así como debes abordar el incluir a otras personas en tus ejercicios de escritura de guiones. No querrás escribir algo negativo o que cause daño. Recuerda que escribir un guion se trata de TU perspectiva. Al igual que tu diario nocturno, querrás que se trate de ti, desde tu perspectiva.

Algo que escucharás bastante en el mundo del nuevo pensamiento, del pensamiento positivo y de la ley de la atracción es que no puedes manifestar en la realidad de otra persona. Aunque eso no es del todo cierto, debes tener presente que escribir guiones se trata de cambiar TU vida, no la de alguien más. Para explicar la perspectiva más antigua y común sobre crear en la realidad de otro usaré un pasaje de *Disculpa, tu vida te está esperando*.

Grabhorn dice que cuando alguien está enfermo o mal y queremos ayudarle terminamos enfocándonos en el problema de la otra persona y por lo tanto igualándonos con esa frecuencia, lo cual no es bueno. Grabhorn comenta sobre la historia de su amiga que tenía a su padre a casi cinco mil kilómetros de distancia, muriendo por causa de una vida vacía. Todas las noches, ella creía que le estaba enviando a su padre pensamientos sanadores, deseándole que fuese más feliz, mientras se enfocaba solo en lo que a este le faltaba: amigos, una vida que valiese la pena, etcétera. Una vez que esta amiga supo sobre la ley de la atracción, empezó a ver a su padre como este solía ser: lleno de vida y pasión. En el trascurso de unos pocos días, el padre la llamó y le dijo que se sentía mejor de lo que se había sentido en años y que quería ir a visitarla.

Grabhorn escribe: "¿Fue ella responsable de ese cambio? Solo al darle la oportunidad a su padre de tomar esas nuevas pinturas y pinceles. Le dio un impulso espiritual, casi como cuando le lanzamos un chaleco salvavidas a alguien. La persona puede agarrarlo o no, pero la elección es de esa persona y solo de ella"[1].

Me gusta la analogía de Grabhorn de las pinturas y los pinceles. En resumen, dice que no podemos pintar en el lienzo de otro, pero que podemos ofrecerle pinturas y pinceles para inspirarle a hacerlo por cuenta propia. Para muchas personas esta explicación funciona y es suficiente, pero ahora sabemos que los humanos usan la memética para implantarse mutuamente virus mentales, virus cuyo único propósito es sobrevivir y replicarse, a un ritmo casi insondable. Muchos de los "virus" de memes terminan dándole órdenes a nuestro comportamiento a un nivel no consciente para nosotros.

Los memes, como los describe Richard Brodie en su genial libro *Virus of the Mind*, "pueden y de hecho arruinan tu vida, probablemente a mayor grado de lo que crees. Los memes con los que estás programado, aun sin tener en consideración la cultura que te rodea, afectan tu vida en casi todos los aspectos. Por eso es que un virus mental debe ser tomado en serio; estos virus llenan tu mente de memes (ideas, actitudes y creencias) que hacen que los resultados que obtengas en tu vida difieran de los resultados que pudieses querer"[2].

Existen personas que constantemente emplean tácticas para crear en nuestras vidas todo el tiempo. La mayoría de las veces las personas que implantan estos memes en nuestras vidas son extraños: ejecutivos de publicidad, gente anónima en internet, funcionarios gubernamentales sin cara y publicistas. Esta no es una falacia conspirativa, es un hecho real y respaldado por la ciencia. La buena noticia es que la escritura de guiones invalida mucho de esto y te permite escapar.

Así que la respuesta para los que me preguntan si lastimarán a alguien al hacer esto es no. Escribir guiones, como tal, es una acción puramente personal. Tú afectas el mundo a tu alrededor y también a las personas. Incluye a los demás en tu diario de forma que tenga sentido con la manera en que escribirías sobre ellos. A continuación, dos ejemplos de cómo incluir a otros en tu guion:

¡Vaya! Hoy fue un día maravilloso. Qué satisfacción... cuando llegué a casa del trabajo, ¡no había desastre por ningún lado! La familia había limpiado toda la casa. ¡Fue grandioso! Justo después de llegar, recibí la llamada que estaba esperando, ¡y supe que había obtenido el trabajo de fin de semana en el teatro! Me emociona tanto trabajar con toda esa gente talentosa; siento tanto entusiasmo en este momento. Todos parecen estar de muy buen humor, ¡y yo también lo estoy!

¡Vaya! Hoy fue un día maravilloso. Qué satisfacción... cuando llegué a casa del trabajo, ¡no había desastre por ningún lado! El pequeño Timmy limpió toda la casa sin que yo se lo pidiera. ¡Fue grandioso! Justo después de llegar a casa, Terry me llamó, ¡obtuve el trabajo en el teatro! Me emociona tanto trabajar con toda esa gente talentosa; siento tanto entusiasmo en este momento. Jon, Mary y Bob están de muy buen humor, lo que me hace sentir excelente.

¿Notas cuál ejemplo es mejor? El de la izquierda aun incluye todo lo que quisieses que pasara, siendo más general. Cuando dudes, sé más general en tus guiones matutinos o diarios. Si el pequeño Timmy es un perezoso que no sabe cómo encender una aspiradora y menos limpiar toda la casa, no vale la pena incluirlo y ponerlo como el que hace el maravilloso trabajo de limpiar la casa. Si quieres darle un poco de energía de "pinturas y pinceles", quizás agrega un pequeño paso en tu guion de los diez días, algo como: "Timmy parece interesado en saber cómo funciona la aspiradora. Ha comenzado a sentir curiosidad en cómo limpiar". Si no sabes quién te llamará del teatro para ofrecerte el trabajo, pero de verdad quieres el empleo, solo di que alguien del teatro te llamó.

Habiendo dicho eso, si estás trabajando específicamente en algo que involucra a una persona en particular y de manera inequívoca, ponla en tu guion con su nombre. Por ejemplo, si estás atravesando un divorcio y necesitas que tu futuro ex coopere, entonces, escríbelo. Si tienes a alguien especial en la mira y quieres que sea parte de tu vida o que te invite a salir, *entonces menciónalo específicamente*. Escribir guiones es así de flexible.

Lo sentirás. En serio, sentirás en tu estómago o en tu corazón o en tu cabeza o en los tres si es lo correcto o si es algo exagerado. Escoge lo que quieras y marcha hacia ello a toda velocidad. Si se siente un poco raro o desalineado, entonces retrocede y escribe de una forma más general. Asimismo, cuando tengas dudas sobre incluir a alguien más o si de verdad te incomoda hacerlo, simplemente escribe sobre TI y de cómo te "sentiste" cuando la otra persona haya hecho algo.

Lo que ocurre con los guiones es que tienes que ser un poco valiente y estar dispuesto a atravesar algunas de tus barreras. Te prometo que funciona cuando lo haces, tan solo ve por ello y encuentra el lugar correcto cuando se trate de incluir a otros de nombre (cuando lo sientas bien) o incluirlos en un sentido más general (cuando no). Funciona mejor así.

Pregunta: ¿Qué pasa si me salto un guion diario, una entrada de mi diario nocturno o un guion de los diez días? ¿Debo empezar desde el principio otra vez?

Respuesta: No pasa nada y no hace falta comenzar de nuevo. Existen muchos mitos sobre como adquirir nuevos hábitos, pero escribir guiones no es tanto un hábito como un modo de vida. Respecto a saltarse un día: no entres en pánico, pero si de repente te acuerdas, escribe en tu diario nocturno. Y si te saltas una entrada de tu diario nocturno, ¡no pasa nada tampoco! Solo haz tu guion diario la mañana siguiente, como de costumbre.

Algo que he notado que ocurre es que, si escribes tu guion de los diez días un domingo y se te olvida hacerlo una semana, es mejor esperar hasta el siguiente domingo para escribir tu próximo guion de los diez días. No tengo idea de por qué pasa esto, pero he visto que si cambias de días el ritmo o la fluidez parecen perderse. Si algo surge, si te enfermas o si sencillamente se te olvida escribir tu guion de los diez días, NO ENTRES EN PÁNICO. Solo sigue con tu guion diario y escribe tu guion de los diez días el siguiente domingo, como de costumbre. Si te saltas un guion de los diez días y te sientes bien escribiéndolo al día siguiente, hazlo, pero así y todo escribe tu guion de los diez días seis días después, el domingo.

Si comienzas a olvidarte o te saltaste tu guion de los diez días al menos dos veces, escoge un nuevo día y escribe tu guion de los diez días cada semana en el nuevo día que hayas elegido. Intenta con el miércoles, por ejemplo, y si no te funciona, con el viernes. Encontrarás el ritmo que funcione para tu vida y tu agenda. No entres en pánico si esto te ocurre. La escritura de guiones siempre encuentra la manera de colarse en nuestras vidas, y siempre hay tiempo para ella, así que no te castigues si necesitas hacer algún ajuste.

El único requisito de todo esto es que el guion diario se haga por la mañana, lo que sea que "la mañana" signifique para ti. En otras palabras, debes hacer tu guion diario al inicio de tu día. Si trabajas en un casino como encargado de las máquinas tragamonedas en el turno nocturno, entonces haz tu guion cuando te despiertes para iniciar tu día, a las 8:00 de la noche. La escritura de guiones es así de flexible.

Pregunta: ¿Debo escribir en un cuaderno? ¿Puedo usar mi tablet o computadora?

Respuesta: Puedes hacer tus guiones en el medio que prefieras, pero, he notado que los cuadernos de papel me han funcionado bastante. Existen algunas razones para ello: cuando escribimos en un cuaderno físico en la mañana y en un diario físico en la noche, tendemos a enfocarnos más en lo que estamos haciendo que cuando escribimos en una computadora o en un teléfono celular. También es más fácil separarlos: tienes tu cuaderno de guiones (donde escribes tu lista diaria de deseos, tu lista diaria de creencias y tus guiones diarios y guiones de los diez días), y tu diario nocturno. Para muchos, teclear es más rápido que escribir a mano, lo que significa que nuestro foco, ese momento crucial en el que alteramos nuestro mundo, se acorta a dos o tres minutos cuando tecleamos en vez de durar de cinco a diez minutos cuando escribimos a mano. Mientras más tiempo se pase haciendo esto, lo que equivale a enfoque puro si lo estás haciendo correctamente, más rápido ocurren los resultados. Además, tener un cuaderno hace que sea más como un ritual y sirve como un recordatorio físico para escribir guiones y diarios todos los días.

Recientemente Solly adquirió un iPad y un lápiz Apple Pencil, descargó una aplicación gratuita de notas y ahora los usa para hacer sus guiones y escribir su diario. Se pueden tener muchos "cuadernos" en la aplicación, así que es fácil para él separar el diario del cuaderno de guiones. Le toma la misma cantidad de tiempo que si los escribiera en papel porque usa el Apple Pencil. Por lo tanto, es casi lo mismo que la versión en físico. Sus resultados han sido igual de fantásticos.

Hace como dos años, pasé de escribir mis deseos y creencias diarios en mi cuaderno de guiones a escribirlos en una aplicación gratuita de notas en mi computadora portátil, pero todavía escribo mis guiones diarios, mis guiones de los diez días y mi diario nocturno en cuadernos de papel. Para mí, existe algo mágico en escribir guiones en papel, pero cada uno es diferente. He conocido personas que han usado sus computadoras portátiles por un tiempo y luego cambian a papel, así como amigos que solamente usan su procesador de palabras, y ambos han tenido magníficos resultados. Insisto en que el tiempo de enfoque será menor y hay un poder de creación en el acto físico de usar lápiz y papel, aunque hace poco experimenté con escribir todos mis guiones en mi iPad, y los resultados fueron indistinguibles de aquellos que se generaron a partir de mis guiones escritos a mano.

Tengo una amiga que usa la aplicación de notas de su teléfono celular y le va muy bien con sus guiones. Recomiendo que comiences con un cuaderno de papel y un diario, y si de verdad se hace insoportable, entonces cambia a la herramienta digital de tu preferencia; algún tipo de tablet con la que se pueda usar un "stylus" o "lápiz" sería mi elección. Se pueden conseguir a buen precio en Amazon, e incluso las tablets más antiguas que en un principio no tenían entrada para lápiz, hoy cuentan con lápices stylus compatibles.

Si decides empezar usando el procesador de palabras de tu computadora y no estás teniendo éxito, cambia a cuadernos y diarios de papel por algunas semanas. Eso por lo general resuelve cualquier problema que la gente suela tener.

Como recordarás, mi amigo Mitch mencionó nuestro viaje a Disneylandia en el prólogo de este libro. Hizo referencia al guion de ese día de mi pareja Solly y a su entrada de diario de esa noche. Tal como dijo Mitch, salvo algún detalle, el guion diario que Solly escribió esa mañana y su entrada de diario de esa noche, eran prácticamente intercambiables. Solly escribió ambos en su iPad Pro con su Apple Pencil, y es difícil notar la diferencia entre ellos y páginas escaneadas o fotocopias de un cuaderno.

Solo por diversión, y para demostrarte lo que Mitch quiso decir, he aquí el guion diario de Solly (página 149) seguido de la entrada de diario de esa noche justo antes de irnos a dormir (página 150).

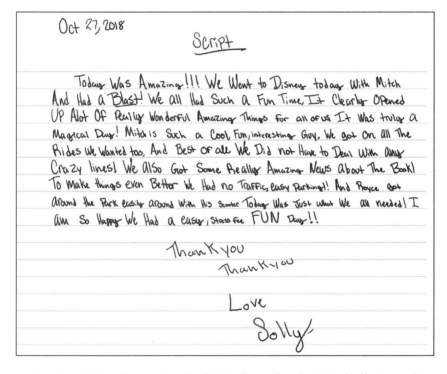

Fig. 8.1. Guion diario de Solly del 27 de octubre de 2018 (Solly Hemus)

Algunas observaciones sobre el guion de Solly, para los curiosos:

Era primera vez que Solly y Mitch pasaban un día entero juntos, así que Solly estaba emocionado y nervioso de pasar tiempo con alguien que significara tanto para mí.

En ese momento yo tenía una lesión en el ligamento colateral tibial, así que a eso se refiere Solly con el monopatín que menciona. Era un monopatín de rodilla, no usamos silla de rueda para saltarnos las colas.

10/27/18

We Had the Best Day today at Disney With Mitch. We Started at California Adventure. Zero lines!! Also the Max Pass Phone App Made everything easer For Us to get through the Parks and Fast Passes! My Favorite thing about today Was Mitch! He is genuinely a really Great guy, Easy Going, and I Was So Fun to Go With Some one Who Was So Enthusiastic, Greatful, And Ob Servant! It Helped Me See More OF the Crazy Detail in the Parks! Mitch Gave Us Some eXciting news On the Book. (We have a Plan B) (We Will Have a Book Deal!) ☺ Today Was A Very Very incredible Day. I'm excited to Go Back With Mitch!

Thank you
Thankyou Good night ♡
Love
Solly

P.S,
-Mitch got Us the Coolest Glass Skull. I cant Wait to Put it Some Place Special.

Fig. 8.2. Entrada de diario nocturno de Solly del 27 de octubre de 2018 (Solly Hemus)

El libro al que Solly se refiere es el primer libro que escribí. Mitch me dio noticias geniales sobre una editorial que estaba interesada en revisarlo, en caso de que la que lo tenía en ese momento decidiera no hacer el trato conmigo.

Poniendo todo eso de lado, podrás ver lo indistinguible que es la aplicación de notas del iPad de un cuaderno de papel, así que esa sería mi segunda opción si el papel no es lo tuyo.

Pregunta: ¡AYUDA! La escritura de guiones me ha funcionado de maravilla, pero ahora dejó de funcionar / se estancó / va muy lento. ¿Qué hago?

Respuesta: Primero que nada, respira. Escribir guiones, en especial durante los primeros meses, puede tener días o incluso semanas buenas y malas. Si te ha ido bien con la escritura de guiones y de repente deja de ser así, necesitas revisar y ajustar un par de cosas: tu rutina matutina y tu enfoque.

Tu rutina matutina

Tu rutina de las mañanas (y todo lo que esta implica) *casi siempre* es parte del problema cuando la escritura de guiones parece estancarse o detenerse. Haz un inventario de tus mañanas: cuando te despiertas ¿lo primero que haces es mirar tu teléfono celular, tu computadora, el periódico o el televisor? Si es así, DETENTE. Debes despertar, ir al baño si lo necesitas, tomar un refrigerio y agua si quieres, y *de inmediato* tomar tu cuaderno y hacer tu lista diaria de deseos, seguida de tu lista diaria de creencias y después tu guion diario. O si es domingo, escribir tu guion de los diez días. Es crucial que permanezcas sin distracciones ni molestias cuando te despiertes. Si tienes niños que gritan o una pareja que ronca, despiértate más temprano o intenta irte a una habitación donde no te molesten durante veinte minutos para que puedas enfocarte y llevar a cabo tu rutina matutina.

Tenía una amiga con dos hijos. Su escritura de guiones funcionó muy bien la primera semana, pero pronto se permitió revisar las notificaciones de su teléfono celular al despertar; un viejo hábito que estaba regresando. Dejó de hacerlo, pero su escritura de guiones todavía no estaba tan alineada como al comienzo. Luego, se dio cuenta de que, al despertar, permitía que su mente entrara en el modo "activo" respecto a lo que tenía que hacer para sus hijos. A los niños también les gustaba estar cerca de ella cuando se despertaba, así que terminó llevándose el cuaderno y unos audífonos al baño, y empezó a levantarse unos minutos más temprano. Al transcurrir un día, notó que su escritura de guiones estaba de nuevo enrumbada.

Otro amigo comenzó una relación con una chica apenas unas semanas después de haber empezado su escritura de guiones. Estaba teniendo resultados increíbles, y luego supo que su nueva novia pensaba que los guiones eran algo extraño. Mi amigo se dio cuenta de que cada vez que se quedaba en casa de su novia o ella se quedaba en la de él, él no escribía una página entera, o se escondía, o apresuraba la escritura. Se estaba enamorando de esta chica, pero se sentía en conflicto. Le dije que se levantara a las 4:00 de la mañana durante una semana ya que su novia no se despertaría a esa hora. Terminó no solamente haciendo su rutina matutina, sino que aprovechó el tiempo extra para meditar y hacer ejercicio. Resulta que, a pesar de que pensó que yo estaba loco al sugerirle que se despertara a las 4:00 am, terminó encantándole y ahora se levanta a esa hora todos los días. Sigue con su adorable novia, que se convirtió en su prometida, y resulta que ahora ella es fanática de la escritura de guiones.

¿Por qué le dije a mi amigo que se despertara tan temprano? No era para que escondiese de su novia lo que hacía; sabía que la opinión que ella tuviese sobre los guiones no era el problema. El problema era que él sentía que no tenía espacio para hacerlo sin que se sintiera extraño. A veces, nuestros cerebros necesitan que los sorprendamos con algo diferente, y despertarse a las 4:00 am fue una sorpresa grande y positiva para su cerebro. Asimismo, levantarse a esa hora le permitió estar tranquilo y no preocuparse de tener que responder correos electrónicos o revisar su teléfono celular ya que nadie espera que le respondas a las 4:00 am. Solly y yo nos despertamos a las 4:00 am desde hace algunos años, y a ambos nos encanta. A veces nos despertamos a las 3:00 am o incluso a las 2:00 am para hacer algo de "escritura sorpresa" para nuestra mente, si sentimos que la escritura de guiones normal se está desfasando. Pero no dejes que eso te asuste... si tu hora de despertar es las 10:00 am y tienes problemas con tu escritura de guiones, entonces levántate a las 8:00 am por una semana. Todo esto se puede ajustar y es una opción si tu éxito con los guiones de repente parece ralentizarse.

Tu enfoque

Si ajustaste tu rutina matutina y todavía estás teniendo problemas en hacer que tu escritura de guiones funcione, esta parece estar desfasada o no ha comenzado a tener un impacto notable, la respuesta pudiese estar en tu enfoque. Algunas personas necesitan hacer ejercicios adicionales a ciertas horas para cambiar un poco sus mentes y así situar la atención y la energía en lo que quieren durante un poco más de tiempo cada mañana.

Hay algunos ejercicios que te ayudarán no solo a extender tu energía enfocada, sino también a idear cosas nuevas y emocionantes que agregar a tus guiones diarios y guiones de los diez días. Oblígate a escribir cincuenta o incluso cien intenciones en tu lista diaria de deseos. Yo lo llamo "limpieza de telarañas" porque, al obligarte a escribir más y más intenciones, tiendes a sacar las intenciones más rutinarias o aburridas del camino durante las primeras veinticinco o treinta intenciones que escribes. A partir de allí, debes darle un empujón a tu imaginación y no tener miedo de pensar EN GRANDE. ¡Imagina tus sueños más locos o incluso cosas que consideres imposibles y escríbelas en tu mega lista! El proceso de obligarse tiene un gran impacto en la escritura de guiones porque te permite ver cuántas cosas maravillosas están esperando por ti para manifestarse.

Otro ejercicio de enfoque que suele desatascar a la gente es lo que llamo la "lista Peter Pan". Este ejercicio es muy divertido y sencillo, y puede hacerse en lugar de tu lista diaria de deseos o como complemento de tu trabajo diario. En la lista Peter Pan escribirás las cosas que querías de niño o adolescente, tantas como puedas recordar. ¿Querías ser estrella de rock? ¿Querías ser presidente o primer ministro? ¿Les rogaste a tus padres por un poni o un auto de carreras? Escribe cualquier anhelo que tuvieses de niño, fuese grande o pequeño. Yo apuntaría por lo menos veinte cosas. Asegúrate que la lista sea divertida y ligera; no escribas nada que pudiese hacerte sentir mal o ponerte en un estado mental negativo, algo como "quería que mi papá se quedase con mi mamá", "quería tener comida en la mesa" y así. El formato de esta lista es un poco diferente al de tus otras listas. A continuación, un ejemplo.

Lista Peter Pan del 28 de mayo de 2020

Cuando era joven quería:

Tener un caballo hermoso

Ir a Disneylandia

Ser una estrella de cine

Tener una hermana mayor

Comprar una bicicleta nueva

Tener un Porsche nuevo

Vivir en una enorme mansión

Un tercer y poderoso ejercicio de enfoque que te ayudará si estás atascado y/o si estás teniendo problemas para empezar es el llamado "Cuarenta y cuatro razones". Conocí una versión de este ejercicio en el cuaderno de ejercicios del libro *Disculpa, tu vida te está esperando* y le hice algunos ajustes. Escoge una intención de tu lista diaria de deseos y, en una página nueva, escribe cuarenta y cuatro razones por las cuales quieres ese deseo. Aunque a veces esto resulta difícil, DEBES obligarte, ya que este ejercicio eleva tu humor, mejora tu enfoque y te da un montón de nuevas ideas para incorporar a tus guiones diarios y guiones de los diez días. Debes permanecer positivo, preguntándote y respondiéndote "porque, porque, porque..." En la parte superior de la página, debajo del título, copia la intención que escogiste de tu lista diaria de deseos y debajo de esta, escribe "¿Por qué?". A continuación, te dejo un ejemplo de cómo deben lucir las primeras nueve razones de la lista de las cuarenta y cuatro razones.

Cuarenta y cuatro razones del 26 de diciembre de 2022

Tengo la intención de que cada libro que escriba y publique sea un *best seller* aclamado por la crítica, tenga éxito comercial y sea número uno en ventas a escala nacional e internacional.

¿Por qué?

1. Porque me encanta sentirme validado por la gente que disfruta de lo que escribo.

2. Porque el éxito de los libros que escribo se traduce en que podré proveer al mundo de más información y más libros.

3. Porque me encanta sentirme orgulloso cuando mi trabajo duro es reconocido por personas a las que admiro y respeto.

4. Porque me emociona.

5. Porque cuando la gente responde positivamente a lo que escribo, significa que de verdad están empleando la información contenida en mis libros y están teniendo un impacto positivo en sus vidas, ¡lo que me hace sentir muy bien por dentro!

6. Porque escribir sobre el nuevo pensamiento es mi pasión de toda la vida, y que lo reconozcan se siente maravilloso.

7. Porque me encanta el alivio que siento al saber que estoy ayudando a la gente a mejorar.

8. Porque es gratificante saber que gente de todas partes del mundo está usando estas herramientas para hacer del mundo un mejor lugar.

9. ¡Porque ser capaz de decir que tengo un libro número uno en ventas es emocionante! Me encanta cómo se siente.

Cuando escribas por qué lo deseas, es importante pensar en el deseo como si ya se hubiese cumplido. Sé que suena extraño, pero el ejemplo es bastante claro. Puede que todavía no tengas un *best seller* aclamado por la crítica, con éxito comercial y número uno en ventas a escala nacional e internacional, pero ciertamente puedes preguntarte: "¿por qué quiero esto?", y tus respuestas ("porque...") rápidamente te situarán en el estado emocional, mental y sentimental de ya tenerlo. Si ya tuviste un *best seller* número uno en ventas, extrae lo positivo de esa experiencia para tu lista.

Una variación de este ejercicio que me encanta y que es muy divertida utiliza el mismo principio, pero con más elementos de tu lista diaria de deseos y menos respuestas a la pregunta "¿por qué?". Escoge de cinco a siete intenciones de tu lista diaria de deseos y luego apunta a escribir cinco razones ("porque") debajo de cada intención. Esta es una excelente manera de ponerse en el sentimiento de obtener tus intenciones y te lleva al estado mental perfecto para tu escritura de guiones.

Otra recomendación para cualquiera que se sienta atascado es que, si has estado escribiendo todo a mano, intentes cambiar a tu computadora portátil o lo que sea que uses para teclear. Al contrario, si siempre has usado una computadora (o tablet, celular, etc.) intenta cambiar a cuadernos y diarios en papel. Esa es la otra manera típica de resolver cualquier problema en la escritura de guiones.

No es necesario sentirse atascado o tener problemas para hacer las cosas antes mencionadas. Aunque todo vaya genial con tus guiones y listas, puedes experimentar. Juega un poco. Si has tenido mucha suerte con un cuaderno, intenta hacerlos en una computadora portátil o usar tu tablet durante algunos días. ¿Mejora tu escritura de guiones, permanece igual o se estanca?

Encuentra tu propio balance en medio de todo esto y diviértete. Puede tomar algunos días o hasta algunos meses para que la escritura de guiones se alinee con tu diario nocturno, así que no te mortifiques si aún no ha pasado. Pasará, te lo prometo.

UNA SEMANA TÍPICA DE ESCRITURA DE GUIONES

La escritura de guiones es bastante simple, pero los cambios y cosas increíbles que llegan a tu vida a partir de ella son mucho más que ordinarios. ¿Cómo lucen un día y una semana típicos de escritura de guiones? Lo primero que debes considerar es el tiempo. Hazte esta pregunta: ¿A qué hora comienza mi día o mañana? Si trabajas durante el turno nocturno y te levantas a las 5:00 de la tarde todos los días, entonces tu mañana comienza a las 5:00 de la tarde. Si estás en la escuela o tienes un horario normal, entonces tu mañana empieza cerca de las 6:00 am todos los días. Si no trabajas o estás jubilado, tal vez tu mañana comience a las 11:00 am. No existe una respuesta incorrecta a la pregunta "¿cuándo comienza mi día?".

Cuando implementes la escritura de guiones en tu vida, recomiendo que empieces poniendo tu alarma de veinte a cuarenta minutos más temprano de lo usual. Todos escribimos a velocidades distintas y algunas personas querrán hacer listas diarias de deseos más largas, ¡lo cual es grandioso! Recomiendo que empieces de la manera más simple; en un día de trabajo o de clases, pon tu alarma treinta minutos más temprano. Luego, sal de la cama Y RESISTE LA TENTACIÓN DE REVISAR TU TELÉFONO CELULAR. De hecho, cuando te despiertes, resiste la tentación de revisar tu celular, tu correo electrónico o encender la radio o el televisor. Si por lo general te levantas, vas al baño y te cepillas los dientes, entonces hazlo. Después, antes de hacer nada más, toma tu cuaderno de guiones. Recuerda: este es tu momento, quieres que tu cabeza esté despejada y no llena de tu día, porque será ahora cuando vas a armarlo. Es importante no dejar que las noticias o los mensajes de voz se interpongan.

Durante los primeros días, escribe de cinco a siete deseos y de una a tres creencias, empleando una página distinta para cada cosa. Es decir: una página con "Deseos" escrito en la parte superior, y otra página para "Creencias", y luego tu guion diario en la página siguiente. ¡No amontones todo! Esto es importante. Si tu primer día es un domingo, entonces haz tu guion diario normal de una página y tu guion de los diez días el siguiente domingo. Luego, cada noche antes de apagar las luces (ya tu teléfono celular guardado), escribe en tu diario nocturno. Escribe sobre tu día exactamente como pasó. Puede tomarte desde unos días a unas pocas semanas y a veces un mes o dos para que tus guiones diarios empiecen a parecerse a las entradas de tu diario nocturno, pero aguanta, ¡porque la magia comienza cuando los dos comienzan a coincidir!

Si es fin de semana o un día en el que duermes normalmente hasta más tarde, no hay problema. No debes preocuparte de poner tu alarma mientras que puedas apartar el tiempo para escribir tu lista diaria de deseos, tu lista diaria de creencias y tu guion diario (si es día de escribir el guion de los diez días, no es necesario que escribas tu guion diario en la mañana, pero puedes hacerlo). Una semana típica luce así:

> **Domingo 2 de abril:** levántate y escribe tu lista diaria de deseos y tu lista diaria de creencias. En algún momento del día antes de dormir, escribe tu guion de los diez días, con fecha 12 de abril (es decir, diez días más adelante). Después escribe en tu diario nocturno antes de acostarte.
>
> **Del lunes 3 de abril al sábado 8 de abril:** levántate y escribe tu lista diaria de deseos, tu lista diaria de creencias y tu guion diario en la mañana, y en tu diario nocturno antes de acostarte.
>
> **Domingo 9 de abril:** levántate y escribe tu lista diaria de deseos y tu lista diaria de creencias. En algún momento del día antes de dormir, escribe tu guion de los diez días, con fecha 19 de abril (es decir, diez días más adelante). Después escribe en tu diario nocturno antes de acostarte.

Es realmente fácil y sencillo y notarás cómo los cambios llegarán rápidamente a tu vida. Algunas personas se aburren de la lista diaria de deseos y de la lista diaria de creencias; yo siento que siempre podemos escribir al menos unos pocos deseos en forma de intenciones; eso nos ayuda a enfocarnos. Animo a todos a que lo hagan por los primeros dos meses y medio. Si en ese punto resulta demasiado para ti, comienza con dejar de escribir la lista de creencias y después, si sientes que es necesario, la lista diaria de deseos, pero nunca dejes de escribir tu guion diario o tu guion de los diez días, estos son cruciales, y no solo para manifestar. ¡La ciencia respalda el hecho de que escribir diarios en general es bueno para ti! Un artículo de la revista *PsychCentral* dice:

> [Escribir diarios] tiene un impacto positivo en el bienestar físico. James Pennebaker, psicólogo e investigador de la Universidad de

Texas en Austin, sostiene que escribir diarios regularmente fortalece las células del sistema inmune llamadas linfocitos T. Otra investigación indica que escribir diarios disminuye los síntomas del asma y de la artritis reumatoide. Pennebaker cree que escribir sobre eventos estresantes te ayuda a asimilarlos, actuando como una herramienta de manejo del estrés, y, por lo tanto, reduciendo el impacto de estos agentes estresantes en tu salud física[3].

Escribir guiones incorpora todos los beneficios de la escritura de diarios y de la fijación de metas, y lo lleva a un ámbito totalmente nuevo.

Si nada de lo anterior funciona para resolver cualquier estancamiento o lentitud en tu escritura de guiones, o simplemente no estás teniendo ningún éxito, el capítulo siguiente te presentará la medicina definitiva para solucionar este problema. La "artillería pesada", por llamarla de algún modo.

Una de las cosas que debes entender antes de que comencemos a cerrar nuestro viaje hacia la escritura de guiones es también lo más crucial: escribir guiones (junto a tu lista diaria de deseos, lista de creencias, etc.), es una de las herramientas más útiles con las que contamos en nuestro arsenal para combatir virus mentales o memes. La ciencia detrás de la memética es algo que es vital entender incluso si tu interés en la manifestación y en crear tu propia realidad es meramente casual. Los memes no son solo imágenes lindas o divertidas que la gente comparte en línea. El estudio de la memética no es cualquier tontería pseudocientífica, es un asunto serio y algo que las grandes corporaciones e incluso el ejército emplean en sus estrategias.

Capítulo nueve

La espada de la escritura de guiones

Siempre ha sido así: mientras los hombres escriban lo que piensen, entonces todas las otras libertades (todas) podrán permanecer intactas. Es allí cuando la escritura se convierte en arma de la verdad, en artículo de fe y en un acto de valentía.

ROD SERLING

CUANDO COMENCÉ A VER VERDADEROS RESULTADOS y a tener éxito a partir de la escritura de guiones, me sentí pletórico. Fue en el set de *Los hechiceros de Waverly Place* de Disney Channel cuando sentí como si me hiciera a mí mismo una pregunta fuera de lugar. No me gustaba siquiera cuestionarme algo de mi vida, pues, en ese momento, se estaba volviendo realidad uno de mis sueños. Pero me pregunté por qué me seguían sucediendo cosas malas, a pesar de que mi vida iba tan bien en casi todos sus aspectos.

Después de algunas semanas de filmación, mi vida iba viento en popa en muchas áreas y, de repente, mi mentor falleció. En medio de todo lo maravilloso que estaba manifestando para mi vida, no podía entender por qué ese tipo de cosas seguían ocurriendo. Algunos dirán "así es la vida" o "no se puede controlar todo", pero mi intuición me decía que había algo más.

Transcurría el año 2007 y había pasado casi cinco años explorando la escritura de guiones y la manifestación. Pasé los siguientes diez años buscando la respuesta a una simple pregunta: "¿Existe otro factor, más allá de los modelos tradicionales de 'manifestación', que juegue un papel en nuestras vidas cuando se trata de nuestra experiencia?". Me tomó una década, pero lo descubrí, y eso cambió todo en mi vida.

Sí hay otra forma de creación y nos afecta a todos y cada uno de nosotros ¡A la mayoría sin darse cuenta de su existencia! ¿Qué había descubierto? La memética y los memes. Bueno, no los "descubrí", por supuesto, pero sí averigüé que los memes son la clave de la manifestación. Esta corta, pero poderosa explicación, garantizará que tu nueva "varita mágica", la escritura de guiones, llegue a su mayor potencial.

LOS MEMES

Hoy en día pesamos que un meme es una imagen de internet con algunas palabras graciosas superpuestas. Esas imágenes son tanto memes en sí como el *resultado* de memes, pero creer que estas son el alcance de los memes es terriblemente limitado.

La mejor definición de meme viene del libro *Virus of the Mind*, de Brodie:

El meme es el componente básico de la cultura, de la misma manera en la que el gen es el componente básico de la vida. Los memes no son solamente el componente básico de la cultura a gran escala (conformando culturas, idiomas y religiones), sino también a pequeña escala: los memes son los componentes básicos de tu mente, la programación de tu "computadora" mental[1].

Vuelve a leer la última línea, porque es algo que debes entender a nivel fundamental: *los memes son los componentes básicos de tu mente, la programación de tu "computadora" mental.*

La memética es el estudio de cómo se replican los memes, cómo interactúan con otros memes y cómo evolucionan. Es mejor pensar en los memes como si estuviesen vivos. Los científicos e investigadores se refieren a los memes como "virus mentales", porque han descubierto que son contagiosos[2]. A diferencia de un virus físico, que se propaga por el aire o por medios físicos, los memes se propagan con facilidad a través de la cultura y las comunicaciones.

El término *meme* fue ideado en la década de 1970 por el controversial científico evolutivo Richard Dawkins, en su innovador libro *El gen egoísta*. Se deriva de la palabra griega *mimeme*, que literalmente significa "cosa imitada".

La idea de los memes empezó a hacerse viral luego del lanzamiento de *El gen egoísta* en 1976. Estos han existido desde el comienzo de la humanidad, solo que no se les dio un nombre sino hasta los años 70. Hasta gobiernos alrededor del mundo han creado textos enteros dedicados a guerras meméticas.

Los científicos explican que a través de la imitación de, por ejemplo, sonidos (que se convirtieron en palabras) y movimientos (abrazos, tomarse de las manos, saludar, etc.), los humanos atravesaron una evolución cultural, además de la física. Eso es algo que continúa hasta el día de hoy: mediante la imitación, nuestra cultura evoluciona. La memética, en su nivel más básico, explica por qué los humanos disfrutan del arte, del baile, de construir parques temáticos, y así. Desde un punto de vista estrictamente evolutivo, como en la "supervivencia del más apto", esos comportamientos y acciones no tienen sentido.

La memética afirma que los humanos, desde el hombre primitivo hasta el hombre moderno de hoy en día, no solo tuvieron y tienen genes que dan órdenes a sus cuerpos, sino que también poseen memes que dan órdenes a sus comportamientos. Los memes son como virus, y estos tienen una sola función: esparcirse y replicarse.

Según Dawkins, la explicación original de los memes es la siguiente:

Ejemplos de memes son melodías, ideas, frases pegajosas, modas en la forma de vestir, maneras de hacer envases o construir arcos. Al igual que los genes se propagan en la piscina genética yendo de cuerpo en cuerpo a través de los óvulos y espermatozoides, los memes se propagan en la piscina de memes yendo de cerebro en cerebro mediante un proceso que, en un sentido amplio, pudiera llamarse imitación. Si un científico escucha o lee sobre una buena idea, se la transmite a sus colegas y estudiantes, la menciona en sus artículos y clases; y, si la idea se impone, podría decirse que se propagó, esparciéndose de cerebro en cerebro[3].

Dawkins continúa:

Los memes deben considerarse estructuras vivas, no solo en sentido metafórico, sino a nivel técnico. Cuando usted planta un meme fértil en mi mente, parasita mi cerebro, convirtiéndolo en un vehículo para la propagación del meme, de la misma forma en que un virus parasita el mecanismo genético de una célula huésped[4].

A principios del siglo XXI y con la disponibilidad de las computadoras personales, la internet y la subsecuente revolución tecnológica, los memes comenzaron a evolucionar con una rapidez increíble. La gente empezó a compartir información e ideas a una velocidad nunca vista en la historia de la humanidad. En realidad, cualquier cosa puede ser un meme, pero solo las cosas que "contagian", o se imponen, causan un verdadero cambio. Piensa en cualquier cosa que se haya hecho viral en los últimos quince años y estarás pensando en un meme. Hasta una persona puede ser un meme: Madonna, Britney Spears y Kim Kardashian son buenos ejemplos.

Los memes están en un estado de cambio constante. Son unidades virales o trozos de cultura que se propagan con rapidez en la sociedad. Pueden ser tendencias que incluyan cualquier cosa, desde pantalones acampanados hasta cenas de microondas. Sin embargo, los memes tienen un lado venenoso e incluyen ciclos de pobreza en el casco urbano, millones de familias que solo comen en restaurantes de comida rápida poco saludable, e incluso la imitación de actos terroristas. Cuando ves el mundo y notas que la mayoría de las personas a tu alrededor se adaptan, miran a sus pantallas y hacen lo que pueden para estar al día, no estás viendo zombis: estás viendo personas infectadas con cientos de miles de memes.

Cuando la memética fue traída al frente como un campo de estudio científico, una de las cosas más impactantes que los investigadores descubrieron fue que *nuestros pensamientos no siempre provienen de nosotros mismos*. Brodie afirma:

> Tus pensamientos no siempre son tus propias ideas. Te contagias de pensamientos, te infectas con ellos de otras personas y, de forma indirecta, de virus mentales. A la gente no parece gustarle la idea de no estar en control de sus pensamientos. La resistencia de la gente a siquiera considerar esta noción es la razón principal por la cual el trabajo científico que se ha hecho hasta ahora no es mejor conocido[5].

Las implicaciones de lo anterior son asombrosas. Los pensamientos crean las emociones, que a su vez crean las frecuencias y vibraciones que atraen cosas a nuestras vidas. *Si nos manipulan, a través de memes, para tener pensamientos que NO son nuestros y no sabemos reconocerlo, se hace claro que no siempre estamos a cargo de lo que se manifiesta en nuestras vidas, de lo que estamos seleccionando del Nexo.* Una de las cosas más increíbles de la escritura de guiones es que obliga a nuestro cerebro a enfocarse, lo cual es muy útil para eliminar memes dañinos. Y la gente que entiende los memes tendrá una ventaja en la vida que millones de otros no poseen.

Recuerda que nuestro sistema de activación reticular ascendente tiene la habilidad de programarse para que nos muestre lo que queremos ver, y que, según los descubrimientos de Donald Hoffman, la evolución no favorece a la realidad. Nuestros cerebros están trabajando constantemente para crear nuestra percepción, muy similar a la manera en que la computadora tiene una interfaz de escritorio con íconos. No existen íconos reales, solo datos programados que percibimos como un escritorio con íconos. Los memes se ajustan muy bien a esta propuesta.

Una manera fácil de entender a los memes es pensar en ellos como componentes básicos y programadores de la "computadora" de tu mente. Tu mente forma los pensamientos, que forman emociones y frecuencias, que materializan tus anhelos, mediante la selección del campo que ahora llamamos Nexo. Tu mente es el punto de partida desde el cual creas lo que sea que quieras para tu vida. Una vez que sepas eso, entonces podrás entender lo importante que es tener un entendimiento básico de los memes para crear tu propia realidad, en especial cuando la ciencia dice que los memes pueden ocasionarnos pensamientos que ni siquiera son nuestros, ¡sin darnos cuenta!

Los memes pueden ser positivos o negativos. Cepillarse los dientes, meditar, y hacer ejercicio son todos memes beneficiosos. Mientras que los memes sean partes positivas de la cultura que no hacen daño y que disfrutamos, no hay problema. Pero cuando los memes son negativos y actúan como un virus dañino de la mente, pueden convencernos a actuar de maneras destructivas que nos hacen daño a nosotros mismos y a los demás.

En el capítulo anterior hablé sobre añadir a otras personas a tu guion. Para los estudiantes del nuevo pensamiento, donde se nos enseña que no podemos crear en la experiencia de otros, entender la memética probablemente cambie su opinión sobre esa regla.

Los memes, o virus mentales, tienen éxito al programar a nuestro cerebro para que crea que el meme debe permanecer vivo, sin importar lo que eso signifique para la propia salud, felicidad y bienestar. Eso incluye hacer que otros se comporten y hagan cosas que por lo general no se harían en sus vidas normales. Los publicistas nos dicen que el Listerine es el mejor enjuague bucal, así que millones de personas lo compran y lo usan. Pero la idea de comprar y usar Listerine no es nuestra, sin importar lo difícil que pueda ser racionalizarlo.

Los principios del nuevo pensamiento afirman que no podemos crear en la realidad de otro, pero eso no es del todo verdad si somos manipulados por memes para tener pensamientos que ni siquiera distinguimos de los nuestros. Esto explica por qué, con más frecuencia de la que creemos, nos ocurren cosas malas. Los memes no explican todas las cosas malas, pero pueden explicar *algunas* cosas.

Entender la memética y cómo esta ha afectado las habilidades de la gente que quiere crear la vida de sus sueños, requiere cambiar la manera en que pensamos sobre la manifestación, la ciencia, la espiritualidad y la vida. Todos podemos hacer lo necesario para cambiar nuestro sistema de creencias. Ten certeza de que *escribir guiones (que incluye tu lista diaria de deseos, tu lista de creencias, tu guion de los diez días, etc.) es una de las herramientas más poderosas de nuestro arsenal para reprogramar memes.*

La ciencia ha descubierto que los memes y virus mentales aparecen de tres maneras:

1. Pueden generarse de manera espontánea.
2. Pueden esparcirse y aparecer mediante la comunicación.
3. Pueden crearse con toda la intención.

No es difícil entender el poder de un meme. En la escritura de guiones, literalmente estarás creando memes nuevos para eliminar o sobrescribir memes viejos que no te sirvan de nada. Generarás nuevas ideas (memes) de forma espontánea a través de la comunicación contigo mismo (al escribir tu guion) y lo harás con toda la intención. Escribir guiones de la manera correcta, como has aprendido a hacerlo en este libro, controla el poder de los memes.

¿Dónde se hallan los memes? Bueno, los memes existen en varios lugares. Los dos más habitados son el mundo real y el ciberespacio. Una de las autoridades modernas en materia de memes, Susan Blackmore, tiene un sencillo y buen ejemplo de un meme de la vida real: el papel higiénico.

Entra al Belmond Hotel Monasterio, un hotel de cinco estrellas en Perú, y encontrarás lo siguiente:

*Fig. 9.1. Papel higiénico del Belmond Hotel Monasterio
(fotografía de Jayegirl99)*

Luego, toma un avión, cruza el océano y entra en un baño público en Papeete, Tahití, Polinesia Francesa, y encontrarás lo siguiente (una variación memética, pero aun así un meme de la misma "especie"):

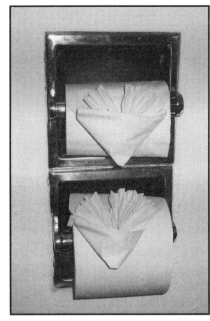

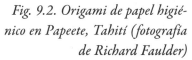

*Fig. 9.2. Origami de papel higié-
nico en Papeete, Tahití (fotografía
de Richard Faulder)*

Ahora dirígete a los Estados Unidos y, por arte de magia, encontrarás lo siguiente en el Hotel Ritz Carlton:

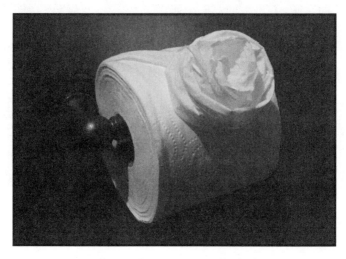

Fig. 9.3. Rosa de papel higiénico en el Hotel Ritz Carlton
(fotografía de Aaron Gustafson)

¡Encontrarás ese extraño fenómeno en todas partes del mundo! ¿Qué propósito tiene? ¿Por qué doblamos el papel higiénico así? Sé que hasta yo tengo la culpa de hacerlo espontáneamente, luego de limpiar mi baño. No tiene ningún valor, excepto quizá decirle a la persona siguiente que el baño fue limpiado o que alguien más estuvo antes en el baño.

Ese es un ejemplo clásico de un meme: *un hábito o acto cultural de imitar que se encuentra tan arraigado en la sociedad que nadie cuestiona su propósito.* Los memes y la memética explican las cosas que "se vuelven virales". Podrías decir que esta extraña tendencia cultural de doblar el papel higiénico de forma artística es *algo* (un meme) *que se hizo popular* (se hizo viral e "infectó" a millones de personas al incrustarse en la psique de la humanidad), *y ahora es algo que todos estamos acostumbrados a hacer y a no cuestionar.*

Sé que debes estar preguntándote, "¿qué demonios tiene que ver el papel higiénico con crear la vida de mis sueños?". Pues, bastante. Ya sea que se generen espontáneamente, sean creados con toda la intención o nazcan y se rieguen por medio de las comunicaciones, todos los memes tienen una cosa en común: *tan pronto surge un meme, su vida es independiente de su creador. Luego se dirige a infectar a tantas otras personas como sea posible.*

En su libro *Thought Contagion*, Aaron Lynch explica los memes de la siguiente manera:

> Ignorado por las ciencias sociales del *establecimiento*, el contagio del pensamiento garantiza más atención como fuerza que da forma a la sociedad. *Como un virus en una red de computadoras o un virus físico en una ciudad, los contagios de pensamiento proliferan al "programarse" efectivamente para su propia retransmisión* [énfasis añadido]. Las creencias afectan la retransmisión de tantas maneras que despliegan una colorida e inesperada carrera de crecimiento entre varias "epidemias" de ideas. Las ideas contagiosas ahora son llamadas memes[6].

Un último pasaje de Brodie luce apropiado en este momento:

> Si lees el periódico, te contagiarás de un virus mental. Si escuchas la radio, te contagiarás de un virus mental. Si te reúnes con tus amigos a hablar de nada en particular, te contagiarás de virus mental tras virus mental. Si tu vida no va como quisieras, puedes apostar que los virus mentales tienen gran parte de la culpa. Si tienes problemas en tus relaciones, los virus mentales se apoderan de partes de tu cerebro y las desvían de aquello que te haría feliz a largo plazo. Si tienes problemas en tu trabajo o en tu carrera, los virus mentales nublan tu futuro y te llevan por un camino que apoya su propia agenda, no tu calidad de vida[7].

Los mercaderes, sabiéndolo o no, usan herramientas comunes de marca para hacer que los consumidores quieran comprar su producto y hacerlo parte de nuestra identidad. Al construirse el proceso de desarrollo de marca, los consumidores nos volvemos más parte de la historia del producto. Los mercaderes emplean un método de capas para incrustar el meme de la marca en nuestro tejido. A menudo, puede ser a través de desencadenantes emocionales que nos hacen sentir un vacío que necesitamos llenar; muchas veces esta necesidad percibida solo puede satisfacerse al comprar el producto, como, por ejemplo, un nuevo limpiador de inodoros. El mejor desarrollo de marca construye una relación entre el consumidor y el producto, donde el consumidor es la estrella del espectáculo.

Los memes son las instrucciones de tu computadora mental. Puede parecer contradictorio, pero *la clave para ser libre es usar las herramientas de control memético en nosotros mismos*. Voltear la tortilla y comenzar a seleccionar y censurar a qué memes estamos o no expuestos, con quién interactuamos todos los días, y aprender a retomar el control de nuestras propias mentes. La escritura de guiones puede ayudarte a lograr eso por ti. La escritura de guiones es la espada que rebana a los memes que no te sirven.

Desde que empecé a controlar el poder de los memes y a combinarlos con mis acciones de nuevo pensamiento y de manifestación, mi vida se ha llenado de felicidad y de manifestaciones maravillosas. Desinstalar los virus de mi computadora interna ha transformado mi vida, desde manifestar grandes sumas de dinero en el transcurso de unas pocas semanas, hasta ayudar a una amiga a superar sus bloqueos meméticos para que pudiese perder trece kilos y medio. ¡Los memes son los motores de la era actual que hacen que todos los otros conceptos enseñados en el nuevo pensamiento se muevan, funcionen y sirvan para nosotros!

Cosas que quería y que trabajé para crear en mi vida y que en el pasado tomaban años en manifestarse, ahora aparecen en días, ¡a veces horas! Aquellos que son expertos en usar la manifestación y las enseñanzas del nuevo pensamiento para crear cosas en su vida, saben la agonía y frustración que generan las creaciones fallidas; conocen el dolor del que nunca hablamos, pero que a menudo acompaña las manifestaciones no logradas. Saben del agotamiento secreto mental, físico y emocional que con frecuencia llega luego de años de intentar manifestar algo sin éxito.

Para mí, descubrir que en realidad había un campo de estudio científico respaldado que explicaba todas esas preguntas fuera de lugar que me hacía, fue el mayor alivio. Mi deseo es que tú también sientas ese alivio y esa emoción. Apenas había hallado el sentido de la escritura de guiones, ya me cuestionaba por qué ciertas cosas seguían ocurriendo en mi vida. Una década después de encontrar los memes y aprender de qué manera usarlos para crear, me reí porque siempre tuve a mi disposición una de las herramientas más grandes para limpiar memes viejos y crear memes nuevos: la escritura de guiones.

Con la escritura de guiones, logras lo siguiente:

- Identificas los memes que te han infectado a ti y a tu vida.
- Transformas en memes las metas y anhelos que deseas traer a tu vida.
- Desechas los memes viejos o reconfiguras los memes útiles para que te ayuden a alcanzar tus metas y anhelos.
- Combinas las herramientas de manifestación con los memes (tu guion diario, tu lista diaria de deseos, etc.) para atraer el cambio a tu vida.
- Aprendes cómo enviar señales potentes tipo meme haciendo uso de la escritura de guiones y de una herramienta secreta.

¿CUÁL ES EL IDIOMA DE TU MENTE?

¿Piensas con palabras? La respuesta corta es no... y sí. Según algunos estudios, cerca del 25 por ciento de nuestros pensamientos somos nosotros hablando con nosotros mismos en nuestra mente; el 75 por ciento restante somos nosotros pensando en imágenes.

A nivel consciente, somos más aptos para pensar tanto en palabras como en imágenes, pero cuando se trata del subconsciente, estamos programados biológicamente para pensar solo en imágenes. De hecho, las primeras formas de comunicación fueron imágenes, o pictogramas, pintados en las paredes de las cuevas. En el contexto de la existencia humana, la palabra escrita y hablada son avances relativamente nuevos.

A la vez que muchos eruditos y maestros del nuevo pensamiento están de acuerdo en que las imágenes y los símbolos son el idioma del subconsciente, a menudo los apartan de su literatura, para el detrimento accidental de sus estudiantes. Una gran razón por la que mucha gente se frustra con el pensamiento positivo, la ley de la atracción y con el nuevo pensamiento se reduce a que ni siquiera están al tanto ni conscientes de que la mayoría de sus métodos requiere hablar un "idioma extranjero"; es decir, palabras, con tu subconsciente. Cuando escribes o dices afirmaciones en voz alta, cuando piensas en frases positivas o cuando estudias, tu subconsciente no entiende con facilidad lo que quieres de la misma forma en que lo haría si le hablaras en imágenes y símbolos.

¿Te diste cuenta de que la ley de la atracción y/o el nuevo pensamiento parece funcionar mejor cuando le infundes emociones fuertes y pasión a tu deseo? Agrega esa pasión a la imagen de tu meta y estarás en el camino correcto para alcanzarla. Aunque no lo creas, la escritura de guiones hace eso, a pesar de que es un proceso que emplea palabras y escritura.

Considera a tu subconsciente como la mejor videograbadora del mundo. Sin importar lo buena que esta sea, no reproducirá un DVD de una película. Lo mismo sucede con el libro en el cual se basa la película, aunque pudieses insertarlo, la videograbadora no te mostrará imágenes de las páginas. El mismo principio se aplica con tu mente subconsciente que, en efecto, es el elemento más crítico con el que necesitas trabajar para manifestar. Aunque es una máquina excelente, no podrá "reproducir" ni entender un formato que no es apta para traducir.

Piensa en lo siguiente: cuando escuchas el nombre Kim Kardashian, ¿qué sucede? ¿Ves una imagen de ella en tu mente o ves el nombre "Kim Kardashian" escrito en tu mente? La respuesta ha sido comprobada científicamente: si yo digo Kim Kardashian, te la *imaginas* en tu mente, y eso es porque su imagen te ha infectado por medio de la memética. Aunque suene malo, no lo es tanto. Esto solo significa que las Kardashian son unos genios de la creación de memes.

Lo curioso de conocer a Kim Kardashian lo suficiente para imaginársela es que conocerla no implica ningún propósito biológico o evolutivo para sus fanáticos, o para nadie en realidad. Pero el que los memes no tengan ningún propósito biológico fundamental, no significa que no podamos emplear la memética para obtener todas esas metas y anhelos en los que hemos trabajado por tanto tiempo.

De hecho, por primera vez, revelaré una de mis herramientas de creación más efectivas. Es la creación en su forma más excitante y explosiva, es "seleccionar del Nexo" en su máxima expresión, y es una de las cosas que te convertirá en un "creador de vértices".

Capítulo diez

Creador del vértice

No se les puede prohibir a los niños hacer cosas que estén disponibles para ellos en todo momento. Dios le dijo a Eva que no le diera la manzana a Adán, y mira lo que pasó. Es parte de nuestra naturaleza querer las cosas que vemos.

EVEL KNIEVEL

EL GUION DE IMÁGENES:
LA HERRAMIENTA DEL MAESTRO

LAS PALABRAS DE EVEL KNIEVEL son muy poderosas y reales: es parte de nuestra naturaleza querer las cosas que vemos. La escritura de guiones es una herramienta que te convierte en un mecánico de memes para diseñar tu vida alrededor de tus propios memes, no de aquellos provenientes de una corporación o de otra persona. Te permite acceder al Nexo y seleccionar de él las cosas que quieras manifestar o ver en tu vida.

Existe una última herramienta de escritura de guiones que te permite tomar lo que ya sabes sobre los memes y la memética y combinarlo con tus nuevos y sorprendentes poderes de escritura de guiones. Es como escribir guiones con esteroides. Es poderoso, rápido y funciona increíblemente bien. Yo lo llamo "el guion de imágenes".

Luego de que hayas cumplido un mínimo de dos semanas de rutina de escritura de guiones, prueba este ejercicio. Si tienes problemas con tu escritura de guiones, este proceso te hará recuperar el curso. Sin embargo, no hace falta que tengas problemas para hacerlo. Experimenta con este ejercicio cuando te provoque, porque es divertido y los resultados son fuera de serie.

El guion de imágenes es bastante sencillo. Toma un poco de tiempo prepararlo y completarlo, pero vale la pena; los resultados son geniales. ¡Lo que se hace en él es juntar tus conocimientos sobre memes en una única cosa grandiosa! Probablemente hayas escuchado sobre los murales o tableros de visión. El guion de imágenes mezcla ingredientes de memética, escritura de guiones y el concepto de un mural de visión.

Primero, piensa en lo que haces cuando escribes un guion de los diez días. A través de los años, Solly, mi madre Neva y yo hemos creado divertidas variaciones basadas en el diario de los diez días. Estas son completamente opcionales, pero necesitas conocerlas antes de pasar a las instrucciones del guion de imágenes.

Guion de inicio de mes

Este guion me encanta. El guion de inicio de mes es un guion de UNA PÁGINA que escribirás al inicio de cada mes. Sugiero escribirlo entre el último día del mes y el tercer día del nuevo mes. Se *puede* empezar a mitad de mes o cualquier día, pero si planeas mantener esta rutina, ten en cuenta que una vez que empieces el guion de inicio de mes el día 11 del mes, por ejemplo, *deberás mantener ese día como el "primer día del mes", siempre.*

Similar a otros guiones, escribirás una entrada de diario como si fuese el final del mes. Describe en detalle lo genial que fue el mes. Esta es una manera grandiosa de divertirse viendo qué tan lejos puedes llevar tu imaginación, pero es importante ser general.

Solo cuentas con una página para escribirlo, así que enfócate en las emociones, en cómo te sientes, en cómo quieres que otros se sientan: "¡Fue un mes grandioso! ¡Me siento tan feliz y emocionado! ¡Me encanta ver a mi novia tan entusiasmada por el futuro!". Sin embargo, además de ser general y enfocarse en las emociones, es importante que agregues al menos cinco cosas de tus listas de deseos de las semanas previas que sabes que podrían ocurrir en los siguientes treinta días, sin mucho detalle: "A mediados del mes, todo fue maravilloso. Por fin recibí la llamada que esperaba... ¡me ofrecieron el trabajo! Además, encontré la cachorra perfecta en el refugio, es fabulosa".

Entonces, puedes agregar las cosas más importantes que veas ocurriendo en los treinta días posteriores. Esto es similar a lo que hablamos antes; existe poder en agregar cosas que *sabes* que pasarán. Tal vez lleves tiempo queriendo perder algunos kilos, pero no te ha servido de mucho. Si sabes que puedes perder unos tres kilos en el transcurso de cuatro semanas, y esa es tu intención, sería algo bueno que incluir. Quizá hayas obtenido excelentes resultados al escribir guiones y hayas estado pidiendo unos diez mil dólares adicionales para unas vacaciones para tu pareja y para ti. Si crees que algo así puede pasar durante el mes, ¡inclúyelo!

Yo no lo hago todos los meses, pero he enseñado este ejercicio a amigos y muchos han elegido hacerlo cada mes. ¡Este tipo de guion es flexible y divertido! Creo que todos deberían intentarlo al menos una vez para ver qué pasa. También he encontrado útil escribir en mi diario una página adicional el último día del mes, porque eso refuerza el buen hábito que hemos formado con nuestros guiones diarios y nuestro diario nocturno. Es divertido ver cómo se alinean el guion de inicio de mes y la entrada de diario de fin de mes. Aunque todo esto es opcional, es de utilidad para nuestra arma secreta: el guion de imágenes.

El guion de temporada

El guion de temporada es escribir un guion para la temporada siguiente. Por ejemplo, si es invierno, escribirás un guion para la primavera. Esto resulta divertido porque te permite elegir las cosas que más te gustan de cada temporada. No importa si eres un *grinch*; siempre hay algo de lo que emocionarse al acercarse cada temporada. Quizá sea algo simple pero hermoso, como el aroma del aire fresco del otoño; quizá sea una tradición, como un viaje anual a la playa cada agosto.

Si tienes problemas para encontrar las cosas que te gustan de cada temporada, saca tu cuaderno de guiones y haz una lista. ¡Lo que escribas podría sorprenderte! No le coloco un tiempo determinado al guion de temporada, ya que las temporadas varían alrededor del mundo. No hace falta que sigas el calendario de equinoccios ni nada de eso, aunque puedes hacerlo.

Este también pudiera llamarse "el guion de los tres meses". Tal vez estés emocionado por tus próximas vacaciones a Hawái este verano, algo que has planeado por más de un año. ¡Agrégalo! Este guion es genial para incluir esas metas a largo plazo de tu lista diaria de deseos, esas que no cambian todos los días y de las que hablamos en los primeros capítulos. Este guion es de dos a tres páginas máximo y sigue el mismo formato que el guion de inicio de mes.

Si el invierno está a punto de terminar y estás por hacer el guion de temporada correspondiente a la primavera, fingirás que es el final del verano o el principio del otoño. Esto se hace porque crea un bucle y un patrón. Querrás escribir este guion como si estuvieras escribiendo el mismo día en el que iniciarías tu próximo guion de temporada. Entonces, usando nuestro ejemplo, querrás imaginarte escribiendo este guion para la primavera "anterior", al final del verano o al principio del otoño. Hasta puedes incluir algunos pequeños detalles que indiquen el cambio de estación, algo como la llegada de Halloween. Depende de ti.

De nuevo, recomiendo escribir una entrada de diario del final de temporada para ver qué tanto se parece al guion de temporada. Es sorprendente ver cómo estas se alinean cada vez más, mientras más lo practicas.

Guion de año nuevo

Este sigue la misma fórmula que el guion de temporada y el guion de inicio de mes, ¡excepto que es para todo el año! Recomendaría hacerlo cuando ya lleves algunas semanas o meses escribiendo guiones y ya le hayas tomado el ritmo. Aunque también hay gente que *inicia* su escritura de guiones con este ejercicio y que tiene mucho éxito.

Lo genial del guion de año nuevo es que no hace falta que sea escrito al final de un año o al principio de uno nuevo; cualquier día puede ser el inicio de un nuevo año para ti. A algunas personas, incluyéndome, le gustan hacer su guion de año nuevo el día de su cumpleaños. De cualquier modo, este guion puede ser tan largo o corto como quieras. No te preocupes por eso; solo diviértete y trata de incluir todas las cosas que quieras que se manifiesten en tu vida durante el próximo año.

Este guion es poderoso y crea muchos memes positivos. También funciona como una base para algunos, algo a lo que referirse si en un momento se sienten atascados durante la rutina matutina o el guion de los diez días. Un consejo adicional: haz una lista de cincuenta a cien cosas para tu lista de deseos antes de hacer este guion. Ha habido gente que ha comentado que le ocurren cosas mágicas cuando combinan estos dos ejercicios. También recomiendo hacer una entrada de diario de fin de año y compararlos.

◎ Crear un guion de imágenes

Muy bien, has estado escribiendo guiones por al menos dos semanas, has hecho tu guion de los diez días cada domingo (o el día que sea que hayas escogido), así como tu lista diaria de deseos y tu lista diaria de creencias, y así sucesivamente. Ahora, podrás lazarte a crear la joya de la corona de la escritura de guiones: el guion de imágenes:

Paso 1: busca tu cartulina
Primero, buscarás algunas hojas de cartulina. Puedes comprar de colores o blancas. No importa.

Paso 2: escoge tu guion base
Ahora decide si usarás tu guion de los diez días u otro de los guiones (de inicio de mes, de inicio de temporada o de año nuevo) como base para tu guion de imágenes. Escoge cualquiera de los guiones "largos" de base.

Paso 3: escribe un esquema
Para ilustrar cómo funciona este proceso, digamos que estás usando tu guion de los diez días como base y que lo escribiste la noche anterior. Sucede que irás a Hawái en unos días y que tuviste una entrevista para

un empleo fantástico en una gran firma de relaciones públicas. Eres soltera, y una de las intenciones que has escrito en tu lista diaria de deseos es que deseas encontrar a la pareja perfecta... y vives en Cleveland. Primero, harás un esquema de tu siguiente semana o par de semanas, teniendo como base tu guion de los diez días más reciente. Esto es muy sencillo y solo debería tomarte unos cinco minutos. Incluye lo que sabes que pasará y lo que quieras crear o manifestar. Luciría así:

Esquema del guion de imágenes
1. Empacar para el viaje a Hawái.
2. Ir al aeropuerto.
3. Llegar a Kona.
4. Hacer el check-in en el hotel.
5. Hacer un recorrido por el área.
6. Hacer un tour por el volcán.
7. Recibir una llamada de Relaciones Públicas ACME.
8. Obtener el empleo.
9. Ir a un bar a celebrar.
10. Conocer a un chico precioso (¡solo vive a una hora de distancia de mí!)
11. Recibir un correo electrónico con los detalles y contratos del nuevo empleo.
12. Regresar a casa.
13. Celebrar con amigos en mi bar favorito.
14. Iniciar mi nuevo empleo en Relaciones Públicas ACME.

Paso 4: crea tus memes
Aquí es donde nos enfocaremos en los memes e iremos en una dirección totalmente diferente a la del muro o tablero de visión convencional. Entra en Internet, toma algunas revistas y busca tu teléfono celular o lo que uses para tomar fotos. Luego, hazte las siguientes preguntas:

¿Qué maleta voy a usar?
¿Cómo me trasladaré al aeropuerto? (transporte aeroportuario, autobús, automóvil, taxi)

¿De qué aeropuerto saldré?

¿En qué aerolínea viajaré?

¿Cómo luce el interior del avión en el cual viajaré?

¿Qué comida sirven?

¿Cómo se llama el aeropuerto de Kona al cual llegaré?

¿Cómo me trasladaré al hotel?

¿Por dónde pasaré de camino al hotel?

¿En qué hotel me hospedaré?

¿Cómo luce la recepción del hotel?

¿Qué compañía de tours usaré para visitar el volcán? (Si todavía no lo sabes, busca algunas opciones de compañías que hagan estos tours)

¿Cómo es el logo de la firma de relaciones públicas?

¿Habrá fotos en internet de la persona que me llamará para ofrecerme el empleo?

¿Qué actores o personas lucen como la pareja de mis sueños?

¿Qué actividades le gusta hacer a la pareja de mis sueños?

¿Cómo regresaré a casa?

¿Qué ropa usaré en mi primer día de trabajo?

Aquí es donde entran los memes, ¡y donde comenzarás a manifestar por medio de métodos que funcionan mucho mejor que pegar fotos abstractas en un pedazo de cartulina! Busca fotos en internet que representen las preguntas anteriores e imprímelas o toma una foto tú mismo.

¿Qué maleta voy a usar? Tómale una foto a tu maleta, sobre tu cama (o donde normalmente la pongas para empacar). Si puedes, ¡programa tu cámara para que te tome una foto fingiendo que empacas! Mientras más te incluyes a ti misma dentro de tu guion de imágenes, mejor.

¿Cómo me trasladaré al aeropuerto? (transporte aeroportuario, autobús, automóvil, taxi...). Busca algunas imágenes de transportes aeroportuarios o de un taxi. Si te va a llevar un amigo, busca una foto del modelo de auto que conduce e imprímela. Si irás en tu propio auto, imprime una foto de tu auto.

¿De qué aeropuerto saldré? Imprime una foto de la fachada exterior del aeropuerto; hay muchas en Google o en el sitio web oficial del aeropuerto. Si no logras encontrar una foto de la entrada del aeropuerto, imprime su logo.

¿En qué aerolínea viajaré? Imprime el logo de la aerolínea y diviértete con eso. A veces logro encontrar fotos de agentes de puerta de la aerolínea.

¿Cómo luce el interior del avión en el que viajaré? ¡Digamos que volarás en Hawaiian Airlines! Imprime su logo, fotos de sus aviones, etc.

¿Qué comida sirven? Busca imágenes de las deliciosas bandejas de comida que sirven en Hawaiian Airlines.

¿Cómo se llama el aeropuerto de Kona al cual llegaré? Imprime fotos del aeropuerto de Kona y quizás hasta del área de equipaje donde recogerás tus maletas.

¿Cómo me trasladaré al hotel? Imprime una foto del transporte o del taxi, o si vas a rentar un auto, imprime el logo de la compañía de renta de autos.

¿Por dónde pasaré camino al hotel? Este es un truco secreto para usar imágenes en forma de línea de tiempo: busca las tiendas y supermercados del lugar. Cuando estaba haciendo un mural similar en 2016 con base en mi guion de temporada, ni siquiera tenía manera de ir a Hawái, pero encontré fotos de la cadena de supermercados local de la Isla Mayor, llamada Foodland, e imprimí fotos de la fachada exterior y del interior. ¡Es en los pequeños, pero significativos, detalles donde yace la magia del guion de imágenes! Terminé yéndome de vacaciones a Hawái unos meses después.

¿En qué hotel me hospedaré? Diviértete con esto: imprime el logo del hotel, la parte externa del mismo, los restaurantes, etc.

¿Cómo luce la recepción del hotel? Imprime una foto del área de recepción. La mayoría de los hoteles la tiene en su sitio web, pero si no es así, usa una foto de archivo y pega un pequeño logo del hotel sobre los empleados de la recepción que aparezcan en la foto.

¿Qué compañía de tour usaré para visitar el volcán? Si todavía no lo sabes, busca algunas opciones de compañías que hagan ese tour.

Imprime el logo de la compañía, fotos de sus vehículos, si tienen, y fotos de lo que desees ver en el tour.

¿Cómo es el logo de la compañía de relaciones públicas? Imprime el logo. Una foto de un edificio no funcionará para esta parte del mural, pero sí al final.

¿Habrá fotos en internet de la persona que me llamará para ofrecerme el empleo? Si es así, imprime la foto. Si no, busca fotos de archivo empleando términos como "dos mujeres al teléfono", o "mujeres de negocios estrechándose las manos", cualquier cosa que evoque la imagen de ti obteniendo el empleo. También, busca una foto tuya, recorta la cabeza y pégala en el cuerpo de una de las mujeres. Para algunos eso podrá parecer una locura, pero tu subconsciente entiende mediante fotos, ¡y este será un mensaje directo para él! Si te hace sentir extraño, tómate una foto con tu teléfono celular y úsala junto a la foto de alguien que parezca trabajar en la firma.

¿Qué actores o personas lucen como la pareja de mis sueños? Esta es fácil: imprime fotos de gente que evoque el sentimiento de tu pareja perfecta. No hace falta que sean personas famosas, simplemente busca en Google. Quizá desees que tu pareja tenga el sentido del humor de Robin Williams y el atractivo de Brad Pitt; de ser así, imprime fotos de ellos. Imprime también algunos corazones o símbolos que te hagan pensar en un nuevo amor.

¿Qué actividades le gusta hacer a la pareja de mis sueños? Querrás imágenes de parejas en Hawái haciendo actividades como nadar con esnórquel, buceo, ir a bares, etc., cosas que te gustaría hacer con tu nueva pareja. ¡Esta es otra gran oportunidad de incluirte en la foto!

¿Cómo regresaré a casa? La idea aquí es que imprimas algunas fotos que representen el feliz retorno a casa.

¿Qué ropa usaré en mi primer día de trabajo? Si ya sabes qué ropa usarás en tu primer día de trabajo en Relaciones Públicas ACME, ¡fantástico! ¡Tómate una foto usando la ropa y sonriendo! O tómale una foto a la ropa sobre tu cama. Si todavía no has escogido la ropa, entra en Internet y busca una foto de la ropa que te gustaría, o puedes imprimir una foto de alguien usando una ropa que te encante y pégale tu cara a la foto de la persona.

Vas a necesitar muchas fotos de tu cara, algunas sonriendo, mirando hacia el frente, y otras sonriendo de perfil para que puedas pegárselas a las fotos de archivo de gente que encuentres. Podrá parecer extraño, pero te prometo que le dará más poder al proceso. Este es un pequeño ejemplo personal: Solly y yo queríamos perder bastante peso (casi 32 kilos cada uno), y aunque mediante escritura de guiones convencional perdimos cerca de 9 kilos, no empezamos a ver progreso sino hasta que comenzamos a ver fotos de hombres con cuerpos que sentíamos se parecían a cómo queríamos lucir nosotros y las pegamos en nuestros guiones de imágenes con nuestras caras. En un período de seis meses, yo perdí casi 24 kilos y Solly perdió 19. Esto es también gracias a que nuestro sistema ExtraCom nos señaló maneras de ser la visión de la persona que veíamos en el guion de imágenes.

Cuando te comunicas con tu subconsciente en un idioma que entiende, como fotos, esto le permite absorber ese nuevo meme. Dicho meme es un programa de computadora que te ayudará a hacer tu rutina matutina y a guiar tu escritura de guiones, que a su vez llevará a la acción. A nosotros, los memes nos inspiraron a comer mejor, a hacer ejercicio, etcétera.

Crear estas fotos no requiere de gran tecnología. No hace falta que uses Photoshop. Existe un sitio web GRATUITO llamado ImageChef donde se pueden hacer imágenes geniales para tu guion de imágenes. Es muy sencillo de usar. Mi padre que tiene 65 años lo emplea para sus guiones de imágenes con facilidad y es la persona más ajena a la tecnología que conozco. Una simple búsqueda en internet te llevará a muchos sitios web como ese. Entre las cosas que podrás hacer para incluir en tus guiones de imágenes están las tarjetas de presentación o carnés de tu nuevo empleo en la compañía de tus sueños, carteleras de cine mostrando tu nombre iluminado, estrategias para promocionar tu libro líder en ventas y vallas publicitarias mostrándote como un famoso orador, ¡o quizás hasta como candidato presidencial!

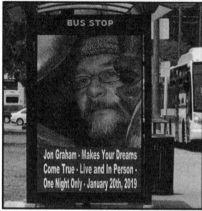

Fig. 10.1. Variedad de ejemplos de fotos para guiones
de imágenes, hechas con ImageChef

Si prefieres usar menos tecnología, ponte manos a la obra y haz tus propios memes con recortes de revistas. Yo hago mis imágenes con Microsoft Word o Apple Pages; es bastante fácil. Digamos que estoy ayudando a mi cuñada Tiffany a hacer un guion de imágenes usando el ejemplo anterior (Hawái, nuevo empleo, nuevo amor). Primero, abro un documento nuevo en Word o Pages en modo horizontal y pongo la fuente de un tamaño absurdo, digamos 500. Luego presiono la tecla Enter. El cursor es tan grande como la página generando un montón de páginas en blanco al presionar Enter con una fuente tamaño 500. Luego busco las fotos que necesito. Si estoy ayudando a Tiffany a hacer su guion de imágenes, necesitaré una foto de ella empacando una maleta. Si no tiene una, busco una en Google escribiendo "chica empacando maleta".

Fig. 10.2. Barb y Tiffany

Luego escojo una de esas fotos y busco una foto de Tiffany donde su cara pudiese encajar fácilmente en la cara de la chica de la foto de Google. Si no podemos encontrar una foto de su cara que funcione, tendría entonces que tomársela en el momento. Es así como encontramos esta foto de Tiffany con su mejor amiga, Barb. Jugamos un poco viendo el tamaño de la cara de Tiffany y descifrando qué tamaño sería el más adecuado cuando imprimamos las fotos para el guion de imágenes. Word y Pages te permiten cambiar el tamaño a las fotos arrastrando el mouse. Una vez que tenemos todas las fotos que necesitamos, de ocho a quince páginas, y nos sentimos bastante bien al respecto, Tiff y yo ponemos las fotos una al lado de otra en el documento e imprimimos. Luego armamos el esquema con nuestras tijeras y cinta adhesiva.

Solly emplea un programa similar a Photoshop en su iPad. Si sabes usarlo para crear las fotos terminadas antes de imprimirlas, mejor. Pero si eres como yo, imprimirás y luego recortarás la cara de Tiffany así:

Fig. 10.3. Recorte de la cara de Tiffany

Luego, pegamos el recorte sobre la foto de archivo que encontramos en línea de la mujer empacando su maleta, así:

Fig. 10.4. Tiffany con su maleta empacada

¡Puedes hacer esto con muchas de las fotos de tu guion de imágenes! Echa un vistazo abajo y a las fotos de las páginas 188 y 189. También puedes imprimir y pegar algunas palabras o frases sobre la foto, para darle un punch adicional.

Fig. 10.5. Creando una foto de Tiffany celebrando

Fig. 10.6. Foto de Tiffany celebrando, con palabras superpuestas

Cuando se trata de recortar y pegar tu cara sobre fotos que hayas impreso, NO tiene que ser perfecto. Si la persona de la foto original tiene el cabello más largo que tú, no te estreses. Lo importante es que la foto del guion de imágenes te haga sentir amor, felicidad, satisfacción, alivio, y así sucesivamente. Las imágenes que representen cosas en el diagrama de flujo de tu guion de imágenes (ver página 191) son igual de poderosas e importantes.

Fig. 10.7. Imagen de archivo de un hombre y una mujer

Fig. 10.8. Tiffany con la potencial pareja de sus sueños

Necesitas establecer un buen balance de fotos que evoquen lo que quieras sentir y de fotos que representen la línea de tiempo que estás escribiendo para ti (el aeropuerto, el hotel, etc.). Estarás haciendo lo mismo que haces con tus guiones normales: usar cosas reales que sabes que pasarán, y agregar cosas que estás manifestando para seleccionar y traer a tu realidad un nuevo amor, un nuevo empleo, etc.

Fig. 10.9. Imagen de archivo de mujeres estrechándose las manos

Fig. 10.10. Tiffany estrechando manos con una potencial
empleadora de Relaciones Públicas

Paso 5: agrega palabras y frases

Es muy importante que incluyas algunas palabras y frases que resuman las intenciones de tu lista diaria de deseos que estés usando para tu guion de imágenes. Para este ejemplo, palabras como "¡Me dieron el empleo!", "Amor" y "Paraíso" son ideales. Otra cosa divertida que puedes hacer es imprimir algunos textos cortos y pegarlos sobre la foto, como el ejemplo de Tiffany celebrando de la página 187. Estas palabras y frases son extremadamente poderosas porque ayudan a alinear el mundo de la

Fig. 10.11. Fotos que representan amor

memética y el de la escritura de guiones / nuevo pensamiento. Junto a las fotos, las palabras le dan una instrucción directa no solo al centro de creación de tu subconsciente, sino también al Nexo. Esta instrucción es como un comando de computadora que te hace seleccionar y manifestar esta realidad en tu existencia.

Paso 6: decide la dirección de tus fotos

Dale un vistazo a tu cartulina en blanco y escoge la dirección de tus fotos. ¿Qué quiere decir esto? Algo que hace que el guion de imágenes sea tan diferente, es que estás escribiendo un guion mediante fotos para contar la historia de cómo quieres que las cosas sean como si estas ya hubiesen ocurrido, usando imágenes de cosas que "ya pasaron" y estás creando estas imágenes con tu propia foto o cara. La parte MÁS importante es que veas el pequeño esquema que hiciste en el paso 3 y escojas la dirección en la que quieres que vayan tus fotos. No importa el lugar de la cartulina donde decidas comenzar, pero sí que mantengas tus imágenes en el mismo orden que tu esquema. Abajo verás algunas ideas de dónde colocar tu primera foto y cómo las demás pudieran fluir a partir de ahí.

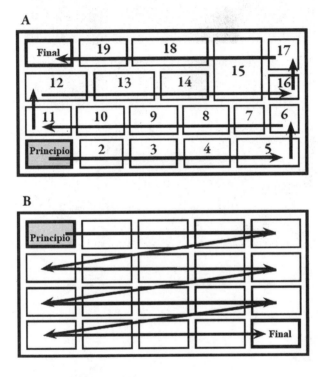

Fig. 10.12. Los diagramas de flujo de los guiones de imágenes

Paso 7: crea tu guion de imágenes

A continuación, pega todas las fotos en tu cartulina en el orden cronológico en el que las escribiste para que sucedieran. En cualquiera de las casillas de arriba que dicen "inicio", pondrás la foto de tu maleta y en el cuadro a la derecha de "inicio" podría estar la foto donde empacas la maleta o una foto o fotos que represente la manera en que irás al aeropuerto.

Fig. 10.13. El guion de imágenes de Tiffany

¡Sé flexible respecto a la cantidad de fotos! Necesitarás al menos una para cada sección del guion de imágenes. Yo siempre tengo algunos temas, por ejemplo, si me entusiasma la comida del avión o la piscina del hotel, para los que tengo fotos que representen cada parte del guion. Asimismo, ¡no hace falta usar todas las fotos! También puedes alterar un poco tu diagrama de flujo. En lo personal, no me gusta dejar espacios en blanco en mi guion de imágenes, así que agrego lo más posible, manteniendo el orden cronológico.

Usando el ejemplo de mi cuñada Tiffany, he aquí una idea de cómo se vería su guion de imágenes, con nuestra línea de tiempo iniciando en la esquina superior izquierda.

Paso 8: muestra tu guion de imágenes

Ahora, ¡cuélgalo! No hace falta que lo pongas en la sala donde todos puedan verlo. Algunas personas lo pegan en la parte interna de la puerta de su clóset. Es importante que lo veas, pero no quiero que te estreses si no tienes espacio para él, porque mucha de la magia está en el acto de crear el guion en sí.

Quiero agregar un par de cosas que son muy importantes: puedes tener más de un guion de imágenes colgado a la vez. A veces hago uno cada día para representar un aspecto diferente de aquello en lo que estoy trabajando, manifestando o "seleccionando del Nexo". Otras veces hago tres al día, y los cuelgo junto a otros que haya hecho recientemente. Asimismo, no temas reciclar y usar el otro lado de la cartulina para tu próximo guion de imágenes. Hay personas que pegan dos cartulinas en blanco porque necesitan más espacio. Cuando hayas usado ambos lados de la cartulina y sientas que el guion de imágenes cumplió su tiempo, recíclalo o deséchalo. No hay ninguna necesidad de que te quedes con cartulinas viejas.

Por supuesto, habrá días en que no tendrás ningún guion de imágenes colgado, y eso también está bien. Esa es la belleza de la escritura de guiones: la haces funcionar para ti, no al revés. Las posibilidades son infinitas en cuanto a qué colocar en tu guion de imágenes, al igual que las posibilidades que te da la escritura de guiones.

Debes ser lo suficientemente valiente para admitirte a ti mismo qué es lo que deseas. Está bien ser "egoísta", una palabra horrible utilizada por gente celosa que no ve el poder del amor propio y del autoempoderamiento. Muchas veces alguien te dirá que eres egoísta al querer ir tras tus sueños y, aun así, muchos de esos sueños cumplidos ayudan y/o empoderan a mucha más gente de la que hubieses podido imaginar e, irónicamente, también a esa persona que te llamó egoísta.

A TODOS LES GUSTA UN FINAL INESPERADO

Lo maravilloso está en todas partes. En las cosas, aparece tan pronto uno tiene éxito introduciéndose en un objeto cualquiera. El más humilde de todos, por sí mismo, plantea una cuestión. Su forma, la cual revela su estructura individual, es el resultado de transformaciones que se han llevado a cabo desde el comienzo de los tiempos. Y contiene los gérmenes de incontables posibilidades que se realizarán en el futuro.

Lo maravilloso está también entre todas las cosas y todos los seres, interpenetrando el espacio, donde nuestros sentidos no perciben nada directamente; pero el espacio está lleno de energía, ondas y fuerzas en continuo movimiento, donde el equilibrio se alcanza por un momento, donde todas las transformaciones están en preparación. Lejos de ser unidades aisladas independientes, los objetos son parte de composiciones, montajes enormes y frágiles o construcciones sólidas, realidades que los ojos perciben solo como fragmentos, pero que la mente concibe como enteros.

PIERRE MABILLE, *MIRROR OF THE MARVELOUS*

Atrévete a escribir en tu guion aquello que de verdad quieras. Escribe la historia que quieras ver, desde tener un buen día (todos los días) hasta experimentar lo que siempre imaginaste para ti y para tu vida. Escribir guiones, en su propia naturaleza y proceso, es una experiencia muy personal. No hace falta que le cuentes a nadie qué estás haciendo cuando te pregunten por qué las cosas parecen ir tan bien para ti de repente. *Te lo preguntarán*, porque una persona que escribe guiones es una persona que vive su vida al máximo, y eso lo sienten y lo perciben los demás. Pero no hace falta que lo cuentes si no quieres, este es tu viaje y solo tuyo, un viaje por el cual estar agradecido.

Mi amigo Mitch Horowitz me dio un regalo la primera vez que nos vimos en persona. Habíamos sido amigos por internet durante años, pero cuando llegó el día de conocernos en persona Mitch estaba dándole una charla a un grupo en la ciudad de Nueva York. Al terminar, nos dio a todos un librito rojo llamado *Esto funciona*, al cual él se refirió en el prólogo del presente libro. Al final del asombroso librito hay un consejo, que ahora deseo trasmitirte:

> Usted podrá tener lo quiera, pero deberá aceptar todo lo que venga con ello: al planear sus deseos, planee aquellos que esté seguro le aportarán a usted y a su prójimo lo mejor de la tierra y, de esta forma, le abrirá camino a aquella esperanza futura más allá del limitado entendimiento humano.
>
> En su lista encontrarán lugar muchos anhelos significativos. Uno será ayudar a los demás como usted ha sido ayudado. Hay una gran recompensa para aquellos que ayudan y dan sin pensar en sí mismos, ya que es imposible obtener algo siendo egoísta[1].

No puedo expresar con palabras lo profundamente agradecido que me siento hacia Mitch. No solo me dio la idea para escribir este libro y *me instó* a escribirlo, sino que también escribió el prólogo.

He aquí un pequeño secreto que adelanté en la introducción: *Mitch Horowitz escribió el guion de este libro;* ambos lo hicimos en realidad, pero Mitch fue el fósforo que encendió la mecha de algo que yo había estado escribiendo en mi lista diaria de deseos durante poco más de un año, sin él siquiera saberlo.

Uno de mis deseos e intenciones era recibir un contrato para múltiples libros. Había estado manifestando esa intención y escribiendo guiones para ella de manera informal por más de un año, confiando en que ocurriría de algún modo. Solamente había escrito un libro y había asumido que este me llevaría a un contrato por más libros. No le conté a nadie al respecto. Un día Mitch me llamó, más entusiasmado de lo que jamás lo había escuchado. Hacía poco, Mitch había empezado a usar mi método de escritura de guiones y estaba teniendo excelentes resultados. Me dijo que yo tenía que escribir un libro sobre la escritura de guiones, de inmediato. Me sentí honrado, pero también un poco asustado: ¿podría escribir un libro entero sobre la escritura de guiones?

Mitch tenía tanta confianza en que yo podría escribir este libro, que me dijo que él escribiría el prólogo tan pronto como colgáramos el teléfono. Por lo general, el prólogo es la última parte del viaje de un libro, y se escribe mucho después de que el manuscrito final esté completo. A pesar de ello, Mitch escribió unas palabras sumamente maravillosas y amables y me las envió una hora después de haber finalizado nuestra llamada telefónica. *Tenía el prólogo de un libro que aún no había escrito*; ya existía, pero no había sido seleccionado y sacado del Nexo hacia nuestro mundo físico. Así que me puse a trabajar, a hacer *mi* parte y escribir el guion del libro para hacerlo realidad. En la página 197 podrás ver el guion de imágenes para este libro.

Ese es un ejemplo maravilloso de cómo los guiones e intenciones de dos personas se juntan. El guion de Mitch fue el prólogo (en sí, una afirmación de un proyecto completo), que se alineó con el contrato que yo había estado escribiendo en mis guiones para traer a la realidad durante mucho tiempo. Hasta ese momento yo tenía solo un libro que había sido revisado por editoriales, y ahora tenía el camino abierto para traer a la realidad el sueño de mi corazón: la intención de publicar múltiples libros.

Así que, si aún tenías dudas sobre si la escritura de guiones funciona... literalmente tienes en tus manos un guion, y el resultado de un guion traído a la realidad.

Eso SÍ es algo de lo que escribir.

Fig. 10.14. Guion de imágenes de Escribe el guion de la vida que quieres

Agradecimientos

PODRÍA LLENAR UN LIBRO ENTERO con los nombres de aquellas personas a quienes les estoy inmensamente agradecido por haber sido parte del viaje que hizo posible el presente libro.

A todos mis maestros y educadores de Marlton, Nueva Jersey, quienes creyeron en mí y me impartieron la confianza necesaria en mí mismo para perseguir mis pasiones: Elaine Winder, Nicole Snodgrass, Carol Smith, Scott Powell, Colleen Peelman, Frank Guerrini, Scott Sax, Marilyn Sobeleski, Barron, Lance y tantos otros de la Escuela Marlton Elementary School, la Escuela Marlton Middle School y la Escuela Cherokee High School; demasiados para mencionar. Gracias por apoyarme y ayudarme a encontrar mi pasión por la escritura y las artes.

A Mitch Horowitz por su guía y su ayuda para hacer realidad este libro.

Al equipo de Inner Traditions por su amistad y diversión: Jennie Marx, Manzanita Carpenter-Sanz, Jon Graham, John Hays, Patricia Rydle, Kelly Bowen, Erica B. Robinson, Jeanie Levitan, Megan Rule y Ehud Sperling.

A mi primer mentor espiritual, Jeffrey Sean Poole. Te extraño todos los días.

A mi padre, Frank, por permitirme y alentarme a seguir siempre mi propio camino y por apoyarme sin importar a dónde este me llevase. A mi suegro, Mike Hemus, por ser no solo el mejor padre para mi Solly, sino por ser mi amigo. Gracias a ambos.

A Jerry y Esther Hicks y sus enseñanzas de Abraham, por guiarme desde lejos a partir de mis dieciséis años.

A mis primos Mallory, Audra, Pamela, Brittany, Melissa y Amanda.

A Teddy Alvarez y Lori Olsen por ser el mejor equipo de peluquería y uñas, y a Walid Azami por ser un fotógrafo tan talentoso y haber hecho las fotos para la campaña de este libro.

A Oliva Mah, Dorian Newberry y Karen Crietz por hacer de la amistad algo tan divertido y sencillo.

A Adriane Schwartz (quien me gritará por decir esto, pero igual lo voy a decir) por llegar a mi vida en el momento indicado y mostrarme que no solamente podía escribir, sino que también amaba hacerlo. Tu tutoría y guía me levantaron en el momento que más lo necesité. Eres la mejor y te amo. Si no fuese por ti, nada de esto hubiese pasado. Gracias desde el fondo de mi corazón.

Olvidaré algunos nombres y me disculpo por ello, pero también quisiera agradecer a Thea De Sousa, Liz Pryor, Mary Jo Eustace, Sally Kirkland, Leslee y Robin Godshalk, Ashlee Godshalk Ruggles, Tamara Godshalk, Sandi DiMarco, Alan Grayson, Melissa Jo Peltier, John Gray, Jen Kirkman, Tony Serrata, Luli Batista, Tracey Michaels, Steven Hemus-Lance, Tristan and Niko Pappas, Brandon Camacho, Ryan Daly, Mara Santino, Nils Larsen, Stella Alex, Mark Smith, Tasha Smith, Natalie Carson, Brian Carson, Valerie Hartford, Stacey Sanderson, Gary Swartzman, tío Bob Swartzman, Michelle y Joel Pardini, la familia Swartzman, la familia Hemus, Bob McFadden, Billy McFadden, Billy McFadden Jr., Nikki McFadden, Ella McFadden, Cathi McFadden, Melissa Whittenweiler, Brit Morgan, Barbara Whitson, Ashlei Sobrero, Pete Sobrero, Kayla Hansen, Amanda Quintor, Lori Osborne, Tiffany Champlin, Jim Lefter, Harv Bishop, Opal Vadhan y Gabriel.

Notas

CAPÍTULO UNO
DISCULPA, TU VIDA TE ESTÁ ESPERANDO

1. Mitch Horowitz, *The Miracle Club*. (Rochester, Vermont: Inner Traditions, 2018), 109.

CAPÍTULO DOS
MILAGROS ATERRADORES

1. George W. Meek, *From Enigma to Science*. (Nueva York: Samuel Weiser, Inc., 1977).
2. Lynn Grabhorn, *Excuse Me, Your Life is Waiting*. (Charlottesville, Virginia: Hampton Roads Publishing Company, 1999), 12.

CAPÍTULO TRES
PASO UNO: ESCRIBE TU LISTA DIARIA DE DESEOS

1. Mitch Horowitz, *The Miracle of a Definite Chief Aim*. (Nueva York: Gildan Media Corp., 2017), xii–xiii.
2. Tim Knight, The Power of Belief. The Focus 3 Blog, publicado el 11 de junio de 2019.
3. Wikipedia, "formación reticular" (reticular formation)". Sección 3.1, "*Sistema* de activación reticular ascendente (ascending reticular activating system)".
4. Akshay Gupta, How Your Brain's Reticular Activating System (RAS) determines Your Success. Fearless Motivation (sitio web), publicado el 16 de octubre de 2017.

5. Kate Kershner, What's the Baader-Meinhof Phenomenon?. How Stuff Works (sitio web).

6. Pacific Standard Staff, There's a Name for That: The Baader-Meinhoff Phenomenon. *Pacific Standard* (sitio web), publicado el 14 de junio de 2017.

7. The No. 1 Habit Billionaires Run Daily. Be Inspired (video de YouTube), publicado el 12 de febrero de 2019.

8. Akshay Gupta, How Your Brain's Reticular Activating System (RAS) determines Your Success. *Fearless Motivation* (sitio web), publicado el 16 de octubre de 2017.

9. The No. 1 Habit Billionaires Run Daily. Be Inspired (video de YouTube), publicado el 12 de febrero de 2019.

CAPÍTULO SEIS
¿POR QUÉ ESTO FUNCIONA?

1. Lisa Zyga, Physicists Provide Support for Retrocausal Quantum Theory in Which the Future Influences the Past. *Phys.org*, publicado el 5 de julio de 2017.

2. Laura G. Williams, Tal Linzen, David Poeppel y Alec Marantz, In Spoken Word Recognition, the Future Predicts the Past. *Journal of Neuroscience* (sitio web) 38, no. 35, publicado el 29 de agosto de 2018.

3. *Reality Doesn't Exist Until We Measure It: Quantum Experiment Confirms.* Cosmic Scientist (blog), publicado el 6 de mayo de 2016.

4. Is Our World a Simulation? Why Some Scientists Say It's More Likely Than Not. *The Guardian* (sitio web).

5. Dick Pelletier, Parallel Worlds Exist and Will Soon Be Testable, Expert Says. *The Mind Unleashed* (sitio web), publicado el 16 de enero de 2014.

6. Clara Moskowitz, Are We Living in a Computer Simulation?. *Scientific American* (sitio web), publicado el 7 de abril de 2016.

7. Robert Coolman, "What Is Quantum Mechanics?". *Live Science* (sitio web), publicado el 26 de septiembre 2014.

8. Wikipedia, "Interpretación de los mundos múltiples (many-worlds interpretation)".

9. Wikipedia, "Interpretación de Copenhague (Copenhagen interpretation)".

10. Wikipedia, "Gato de Schrödinger (Schrödinger's Cat)".

11. Weizmann Institute of Science, Quantum Theory Demonstrated: Observation Affects Reality. *ScienceDaily* (sitio web), publicado el 27 de febrero de 1998.

12. Jesse Emspak, Quantum Entanglement: Love on a Subatomic Scale. *Space.com,* publicado el 14 de febrero de 2016.

13. Matthew Leifer, *Does Time-Symmetry in Quantum Theory Imply Retrocausality?* (Orange, California: Universidad de Chapman, 2016).

14. Matthew Leifer y Matthew Pusey, Is a Time Symmetric Interpretation of Quantum Theory Possible without Retrocausality?. *Royal Society Publishing* (sitio web), publicado el 21 de junio de 2017.

15. Paul Ratner, A New Quantum Theory Predicts That the Future Could Be Influencing the Past. *Big Think* (sitio web), publicado el 9 de julio de 2017.

16. A. G. Manning, R. I. Khakimov, R. G. Dall y A. G. Truscott, Wheeler's Delayed-Choice Gedanken Experiment with a Single Atom. *Nature* (sitio web), publicado el 25 de mayo de 2015.

17. *Experiment Confirms Quantum Theory Weirdness.* Sitio web de la Australian National University, publicado el 27 de mayo de 2015.

18. Williams, In Spoken Word Recognition. *Journal of Neuroscience,* 7585–99.

19. Robbert Dijkgraaf, There Are No Laws of Physics. There's Only the Landscape. Revista *Quanta* (sitio web), publicado el 4 de junio 2018.

20. Ídem.

21. Ídem.

22. Anil Ananthaswamy, A New Quantum Paradox Flags Errors in Our View of Reality. *Wired* (sitio web) publicado el 9 de diciembre de 2018.

23. Ídem.

24. Ídem.

25. Ídem.

26. Ídem.

27. Kristie Miller, The Block Universe Theory, Where Time Travel Is Possible but Time Passing Is an Illusion. Sitio web de la *ABC*, sección de noticias sobre ciencia, publicado el 1 de septiembre de 2018.

28. Ídem.

29. Rachel Thomas, "El futuro es el tiempo (The Future Is Time)". *Plus Magazine* (sitio web), publicado el 30 de septiembre de 2016.

30. Wikipedia, "determinismo (determinism)".

CAPÍTULO SIETE
SELECCIONANDO EL NEXO
O CÓMO SALIRSE DE LA SIMULACIÓN POR 0 $

1. simon_2112, I know now that I don't exist. Foro "Glitch in the Matrix" en Reddit, publicado el 17 de enero de 2014.

2. Ídem.

3. Neurotrace, Died on the corner. Foro "Glitch in the Matrix" en Reddit, publicado el 8 de octubre de 2012.

4. ScreamWax, I literally died—or so I thought . Foro "Glitch in the Matrix" en Reddit, publicado el 26 de noviembre de 2017.

5. boruxzetto, This isn't my apartment. Foro "Glitch in the Matrix" en Reddit, publicado el 25 de diciembre de 2017.

6. thistlegirl, It's part of the reason we bought the house. Foro "Glitch in the Matrix" en Reddit, publicado el 22 de marzo de 2017.

7. WholyFunny, Cool, simple glitch? Foro "Glitch in the Matrix" en Reddit, publicado el 19 de septiembre de 2015.

8. oedipal, Jewelry glitch. Foro "Glitch in the Matrix" en Reddit, publicado el 28 de mayo de 2018.

9. Walter Russell, *The Universal One*. (Waynesboro, Virginia: The University of Science and Philosophy, 1974=, 9.

10. Olivia Solon, Is Our World a Simulation? Why Some Scientists Say It's More Likely Than Not *The Guardian* (sitio web), publicado el 11 de octubre de 2016.

11. Nick Bostrom, Are We Living in a Computer Simulation?. *New Scientist,* 192, no. 2579. (Publicado el 19 de septiembre de 2006), 38–39. Puede encontrarse en el sitio web The Simulation Argument.

12. Nick Bostrom, The Simulation Argument FAQ. *The Simulation Argument* (sitio web), actualizado en 2011.

13. Olivia Solon, Is Our World a Simulation? Why Some Scientists Say It's More Likely Than Not. *The Guardian* (sitio web), publicado el 11 de octubre de 2016.

14. Ídem.

15. Graham Templeton, Neil deGrasse Tyson Says It's 'Very Likely' the Universe Is a Simulation. *ExtremeTech* (sitio web), publicado 22 de abril de 2016.

16. 2016 Isaac Asimov Memorial Debate: Is the Universe a Simulation? (video de YouTube).

17. Graham Templeton, Neil deGrasse Tyson Says It's 'Very Likely' the Universe Is a Simulation. *ExtremeTech* (sitio web) publicado 22 de abril de 2016.

18. Ídem.

19. Olivia Solon, Is Our World a Simulation? Why Some Scientists Say It's More Likely Than Not. *The Guardian* (sitio web), publicado el 11 de octubre de 2016.

20. Donald Hoffman, Do We See Reality as It Is?. Charla presentada en una conferencia TED oficial en marzo de 2015.

21. Ídem.

22. Ídem.

23. Ídem.

24. Ídem.

25. Ídem.

26. Ídem.

27. Ídem.

28. Ídem.

29. Ídem.

30. D-Wave. Charla de Geordie Rose, IdeaCity (video de YouTube), publicado por Saul Colquhoun, 9 de julio de 2013.

31. Ídem.

32. Ídem.

33. Roey Tzezana, Singularity: Explain It to Me Like I'm 5-Years-Old. *Futurism* (sitio web), publicado el 3 de marzo de 2017.

34. Christianna Reedy, Kurzweil Claims That the Singularity Will Happen by 2045. *Futurism* (sitio web), publicado el 5 de octubre de 2017.

35. Ídem.

36. Matt Swayne, ¿Is a Spiritual Singularity Near?. Singularity Weblog, publicado el 2 de noviembre de 2010.

37. Ídem.

38. Reddit (sitio web), r/randonauts, página principal.

39. Chaos Game. Video de YouTube publicado por Numberphile el 27 de abril de 2017.

40. Ídem.

41. Reddit (sitio web), "r/randonauts", página de teoría.

42. Ídem.

43. Ídem.

44. Reddit (sitio web), "r/randonauts", página de preguntas frecuentes.

45. Mitch Horowitz, *The Miracle Club*. (Rochester, Vermont: Inner Traditions, 2018), 153.

46. Reporteros del diario *Telegraph*, Professor Stephen Hawking's Final Theory: The Universe Is a Hologram. *Telegraph* (sitio web), publicado el 2 de mayo de 2018.

47. Ídem.

48. Ídem.

49. Ian Steadman, Cosmic Rays Offer Clue Our Universe Could Be a Computer Simulation. *Wired* (sitio web), publicado el 11 de octubre de 2012.

50. Kristen Hileman, Transformations of Esu. Disponible en el sitio web Black Electorate.

CAPÍTULO OCHO
JUNTANDO TODAS LAS PIEZAS

1. Lynn Grabhorn, Excuse Me, Your Life is Waiting. (Charlottesville, Virginia: Hampton Roads Publishing Company, 1999), 175.
2. Richard Brodie, *Virus of the Mind* (Carlsbad, California, EE. UU.: Hay House, 1996), 28.
3. The Health Benefits of Journaling, PsychCentral (sitio web), última actualización 8 de octubre de 2018.

CAPÍTULO NUEVE
LA ESPADA DE LA ESCRITURA DE GUIONES

1. Richard Brodie, *Virus of the Mind*. (Carlsbad, California: Hay House, 1996), xvi.
2. Ídem.
3. Richard Dawkins, Memes: The New Replicators. *The Selfish Gene*. (Oxford, Reino Unido: Oxford University Press, 1976), 192.
4. Ídem.
5. Richard Brodie, *Virus of the Mind*. (Carlsbad, California: Hay House, 1996), xiv.
6. Aaron Lynch, *Thought Contagion* (Nueva York: HarperCollins, 1996) 2.
7. Richard Brodie, *Virus of the Mind*. (Carlsbad, California: Hay House, 1996), xviii.

CAPÍTULO DIEZ
CREADOR DEL VÉRTICE

1. R. H. J., *It Works*. (Nueva York: TarcherPerigee, 2016 [edición de lujo]), 13.

Índice analítico

Los números de página en *cursiva* hacen referencia a ilustraciones.

Abraham-Hicks, 18
aburrimiento, 135
acción, 52
acción aterradora, 87–88
afirmaciones, v. lista de deseos, 50–51
ajedrez, 120
Alice y Bob, ejemplos de, 93–95
analogía de la jardinera, 13–14
anhelo, puedes tener todo lo que
    anheles, 34, 41, 45, 60, 133
asalto, experiencia del autor en un,
    29–33
atascamiento, 151–56
    usa lo que funcione, 61
atención, selectiva, 45
atracción. *Ver* ley de la atracción
Australian National University, 89–91
autoayuda, 14–15
ayudar a otros, 143–44, 155, 194

Baader-Meinhof, fenómeno, 44, 107
Beane, Silas, 137
Beatles, the, 29
Bell, John, 87
Big Bang, 100
Bohm, David, 82
Bohr, Niels, 81
Bostrom, Nick, 109–10
Brodie, Richard, 144–45, 164,
    169

Carrey, Jim, 111, 137
cerebro, 96, 102
Christyn, Royce (autor), 76
    asalto, experiencia de, 29–33
    ciencia, 75
    conexión con el espíritu, 16, 119–20
    creencia y la, 15
    de guiones y la manifestación,
        8–12, 18–28, 33
    en el set de *Los hechiceros de Waverly
        Place*, 71–72
    encuentra el libro *Disculpa, tu vida
        te está esperando* (viaje), 8–12, 17
    encuentra la escritura de diarios,
        52–53
    exploración inicial de la escritura
        falta de estudios del nuevo
        pensamiento, 14–15
    pelea con mejor amiga, 10–11, 18,
        21–24
    y el nuevo pensamiento, 13–16,
        75–76
    y origen de este libro, ix–xii, 195–96
Clarke, Arthur C., 78
computadora, 156
    escribir guion en, 147–51
conchas marinas, *129*
conexión, todos están conectados, 119
conjunto energético causal, 98–99
conocimiento, 18, 40–41

consciencia, 112–13
  simulación de la, 109
Coolman, Robert, 80
Copérnico, 112
Cortês, Marina, 98–99
cosas malas, por qué ocurren, 160–61
creador de vértices, convertirse en,
  173–97
  mediante los guiones de imágenes,
  173–97
creencia, 40–41
cuaderno, escribir guiones en, 147–51
cuántica, computación, 118
cuántica, inmortalidad, 104–5
cuántica, mecánica, 80–87, 91
  definición, 80
  aplicación a un nivel más grande,
  93–96
cuánticas, búsquedas, 126–34
cuántico, entrelazamiento, 86
cuarenta y cuatro razones, ejercicio,
  154–56
cuerdas, teoría de las, 92

darse cuenta, 44–45. *Ver* SARA
  (sistema activador reticular
  ascendente)
Dawkins, Richard, 162–63
Delmarva, viaje, 8–12
Descartes, René, 111
deseos
  definición, 35–36
  conocer tus, 35, 36
  e intenciones, 36–37
  enfoque correcto en tus, 36
determinismo, 99, 123
  trascendente, 124–34
Deutsch, David, 118
diario nocturno, 55–57, 142–43,
  157–58
  ejemplos de, *56, 59*

dibujo de arcoíris en tiza, *131*
Dijkgraaf, Robbert, y el paisaje de la
  física, 92–94
Dios, concepciones de, 121
Disculpa, tu vida te está esperando
  (Grabhorn), 18–21, 27–29,
  31–32, 143–44, 154
  cuatro pasos básicos en, 18–19
  sobre las frecuencias vibratorias, 15
  y la Ley de la Atracción, 11–12
Disney, Walt, 8
Disneylandia, viaje a, ix–x, 148–51

efecto del observador, 86–87
egoísta
  definición, 32–33
  Michael Jordan sobre ser, 34
  permiso para ser, 33–35
Einstein, Albert, sobre el
  entrelazamiento cuántico, 87–88
Emerson, Ralph Waldo, 52
emociones, los pensamientos crean, 19, 20
enfoque, mejorando el, 153–56
entropía, definida, 99–100
"¿Es nuestro mundo una simulación?",
  artículo, 109
escarabajo, escarabajo joya australiano,
  113–14
escepticismo sobre la escritura de
  guiones, 73
escribir, 160
escritura de diarios, 158–59. *Ver*
  Diario Nocturno
escritura de guiones lenta, qué hacer,
  151–56
escritura de guiones. *Ver* guion diario;
  lista diaria de deseos; diario
  nocturno; guion de imágenes;
  guion de temporada; guion de los
  diez días
  añadir a otras personas, 142–46

beneficios del método de R.
Christyn, 5
como una herramienta poderosa,
1–2
cuarenta y cuatro razones, ejercicio
de las, 154–56
cuatro pasos básicos para la,
141–42
desarrollando el nuevo método, 3–5,
52–56, 61–66, 174–75
el centro de, 60
enfocarse en, 40, 153–56
escepticismo sobre, 73
escribir el guion del campo de estasis,
126–34
escribir en un cuaderno o en
computadora, 147–51
limitaciones de los viejos métodos,
2–5
lista Peter Pan, 153–54
para poner a punto el sistema
ExtraCom, 116–17
paso 1: lista diaria de deseos y lista
de creencias, 29–51
paso 2: escribir el guion diario, 52–59
paso 3: el poderoso guion de los
diez días, 60–74
por qué funciona, xi–xii, 75–100
primera experiencia del autor, 21–28
qué hacer cuando se hace lenta,
151–56
resumen por Mitch Horowitz, x
rutina matutina, 151–52
saltarse un guion diario, 146–47
semana típica de, 156–59
tal y como comúnmente se piensa,
2–5
usada para lo bueno y para lo malo,
1–2
usando el control memético, 170–71
valentía en la, 146

viejos métodos de, 2–5
visualización y la, 2–3
y escribir diarios, 52–59, 158–59
y la magia, 77–78
y la visualización, 46–51
y los memes, 166, 171
escritura, estilo, en guiones, 64
esperanza, 16–17
espiral Fibonacci, 128, *129*
espiritualidad y ciencia, 118–21
"Este no es mi apartamento",
publicación, 105–6
Esto funciona (Roy Jarrett), ix–xii, 195
tres pasos en, ix
estrella y el tiburón, historia de la,
9–11
Esu, 138–39
eventos inexplicables, 101–7
evolución, 162–64
no favorece a la realidad, 112–17, 164
experimentando, 156
experimento de la doble rendija, 81–83,
82, 89–90
experimento de lanzar una moneda, 94
Exu, 138–39

"Fallo de joyas", publicación, 106–7
Fallo en la matriz, sitio web, 101–7
"Fallo genial y sencillo", publicación,
106
fallos en el universo, 101–7
y la escritura de guiones, 111–12
Fey, Tina, 25
flexibilidad, 43
fotos, para el guion de imágenes,
179–189
Frauchiger, Daniela, 94
frecuencias. *Ver* vibraciones
frustración, en métodos antiguos de
escritura de guiones, 3
función de onda, colapso de, 85

futurismo, 119
futuro, influye en el pasado, 88–91

Galileo, 112
gen egoísta, El (Dawkins), 162–63
GITM. *Ver* sitio web *Fallo en la matriz*
Grabhorn, Lynn, 11–12. *Ver Disculpa, tu
    vida te está esperando* (Grabhorn)
guion de año nuevo, 177–78
guion de imágenes, el, 174–94
    creación, 178–94
    diagramas de flujo, 190–91, *191*
    fotos de ejemplo, *184*
    guion de año nuevo, 177–78
    guion de inicio de mes, 175–76
    guion de temporada, 176–77
    para *Escribe el guion de la vida que
        quieres, 197*
    paso 1: busca tu cartulina, 178
    paso 2: escoge tu guion base, 178
    paso 3: escribe un esquema, 178–79
    paso 4: crea tus memes, 179–89
    paso 5: agrega palabras y frases,
        189–90
    paso 6: decide la dirección de tus fotos,
        190–91
    paso 7: crea tu guion de imágenes,
        191–93
    paso 8: muestra tu guion de
        imágenes, 193–94
guion de inicio de mes, 175–76
guion de los diez días, 61–74, 153–56
    10 de agosto de 2007, ejemplo del,
        67, *68*
    30 de julio de 2007, ejemplo del,
        65, *66*
    ejemplo para el lector, 69
    encontrar el día indicado para el,
        146–47
    historia de su origen semana a
        semana, 70–71

ingrediente secreto, palabras para,
    63–64
los domingos, 141–42
origen del, 61–72
poderosa frase clave, 64, 66
primer ejemplo, 62–63
propósito de, 60–61
guion de temporada, 176–77
guion diario, 53–59, 153–56, 157–59
    ejemplos de, 56, 58, 149–50
    el momento indicado, 146–47
    saltarse uno, 146–47
guiones escritos a mano, 156
Gupta, Akshay, sobre el SARA, 44–45

hábito, formar un nuevo, 61
Hannah Montana, 61
Hawking, Stephen, 13, 120, 136, 139
Hechiceros de Waverly Place, 62–64,
    70–72
    fotos del set, *71–72*
Heisenberg, Werner, 85
Hertog, Thomas, 136
Hicks, Jerry y Esther, 18
Hileman, Kristen, 138
historia de la cita con el dentista,
    42–43
historia de reconexión de bananas,
    103–4
Hoffman, Donald, 112–17, 134, 164
hora de despertarse, 152, 157–58
Horowitz, Mitch, 1–2, 14, 35
    biografía de, xii
    sobre la selección y la manifestación,
        134–37
    y la escritura del guion de este libro,
        195–96

IA, superhumano, 119–21
idioma, 101, 107–8
ImageChef, sitio web, 183

imágenes, como el idioma de la mente, 171–73

imitación, 162. *Ver* memes

importancia, 46–47

impulsar, 153, 195

incertidumbre, principio de la, 126

información, el cerebro y la, 96–97

intenciones, 36–37

interferencia, definida, 84–86

interpretación de Copenhague, 84–86, *85*

Isla de Assateague, 9–10

Jarrett, Roy Herbert, y *Esto funciona,* ix–xii, 195

Jordan, Michael, sobre el egoísmo, 34

juego del caos, 124

Kardashian, Kim, 172

Knievel, Evel, 174

Knight, Tim, sobre la creencia, 41

Kurzweil, Ray, 118–20

langosta en una tienda de vestidos, 16

Leifer, Matthew, 94–96

ley de la atracción, 11–12, 24, 80

   lo similar se atrae, 20–21

   y la manifestación, 35

libre albedrío, 98–99

libros, libro que cambió la vida del autor, 8, 12–13

limpieza de telarañas, 153

lista de acción, v. lista de deseos, 49–50

lista de creencias, 49–51

lista de deseos. *Ver* lista diaria de deseos

   la primera del autor, 26, 27

   v. lista de acciones, 48–49

lista de saberes, descrita, 50–51

lista diaria de deseos, 37–40, 157–59

   aborda la sobrevivencia y el deseo, 47

   ejemplos de, *38, 39,* 49–51

escrita a mano, *38*

   incluir lo mundano, 48

lista Peter Pan, 154

M, teoría, 92

Mabille, Pierre, 194

magia, 16–17

   definición, 76–79

   de lo mundano, 41–43

manifestar. *Ver* escritura de guiones

   definición, 6–7, 35

   los cuatro pasos básicos de Grabhorn, 18–19

   selección y, 134–37

   sentirse entusiasmado, 135

maravilloso, lo, 194

marca, 169–70

martillo, ejemplo del, 135–36

Matrix, 102

medir, efecto en el resultado, 85–86

memes, 144–45, 159, 160–71

   definición, 161–62, 165–66

   como clave de la manifestación, 161

   cómo llegan a existir, 166

   memes de papel higiénico, *167, 168*

memética, 144, 162

mente, 165

   idioma de la, 171–73

milagros, 16–17, 34

Miller, Kristie, 97–99

modelos duales, 93

"Morí en la esquina", publicación, 104–5

multiverso, 136–37

mundano, la magia de lo, 41–43

mundos múltiples, teoría de los, 83–84

mundos, teoría de los mundos múltiples, 83–84

Murray, Bill, 18

Musk, Elon, 110, 120
navaja de Ockham, 102, 107–8
negatividad, no añadida a los guiones,
    143, 145

Nexo, como punto de conexión, 138–39
nuevo pensamiento, xiii, 6, 13–16,
    75–76, 118, 136, 139–40, 170
    la ciencia y, 75–76
    omisiones en el, 4
    y crear en la realidad de otro, 165–66
    y el trabajo de Royce Christyn, x–xi

objetivo, seleccionar uno principal, 12
objetos físicos, cambio en, 106–7
obtener lo que desees, los cuatro pasos
    básicos de Grabhorn para, 18–19

paisaje, en la física, 91–92
palabra hablada, reconocimiento de la, 91
pasado, influido por el futuro, 88–91
pensamiento, 19–20, 164–65
    emociones creadas por, 19–20
    no siempre vienen de nosotros, 164
    y circunstancia en la manifestación, 13
percepción, y realidad, 112–17
permiso, para ser egoísta, 33–34
pinturas y pinceles, analogía de, 144
pizza, historia de la, 22–24
poda artística de cactus, *130, 131*
poderosa frase clave, *67*
    para el guion de los diez días, 63
por qué funciona (la escritura de
    guiones), 75–100
preguntas frecuentes, 142–56
probabilidad, puntos ciegos de la, 125
Proyecto Fatum, 122–26
punto atractor, 127

R. H. J. *Ver* Jarrett, Roy Herbert
Randonauts, sitio web, 101

Randonautica, 122–27, 132, 137
    experiencias usando el, 126–34
Ratner, Paul, sobre la simetría
    temporal, 88
rayos cósmicos, y simulación, 137
razón por la que compramos la casa,
    publicación, 106
realidad, 112–17, 136
    la evolución no favorece a la 112–17
realidad, lapsus de, 105–6. *Ver* fallos
    en el universo
realidad, túnel, 126, 127
recompensa, centros de, 48
Reddit, 101–2
regla de la buena corazonada, 40
Renner, Renato, 93–94
reprogramar, 45–47
retrocausalidad, 88–91
Robbins, Mel, 45–47
Rose, Geordie, 118
ruedas de vagón, *130, 132*
Russell, Walter, 101, 108
rutina matutina, 151–52, 156–58
rutina semanal, 156–59

sanación de padre, ejemplo de, 144
SARA (sistema activador reticular
    ascendente), 43–48
    definición, 43–46
    y el enfoque, 116–17
Schrödinger, Erwin, 85–86
Schrödinger, gato de, 85–86
secreto, El, 11–12, 14, 26, 140
selección natural, 114
selección, manifestación y,
    134–37
Sentirse bien (Burns), 15
"Sé que no existo", publicación, 103–4
Serling, Rod, 160
sesgo de confirmación, 45
Seuss, Dr., 141

show de Truman, El, 111, 137
simetría temporal, 88–89
simulación
    definición, 109
    estamos viviendo en una, 75–76
simulación, teoría de la, 109–11
simulaciones ancestrales, 109–10
singularidad tecnológica, 118–22
singularidad, definida, 119
sistema activador reticular ascendente.
    Ver SARA
Sistema ExtraCOM, 48–49, 115–16
Smolin, Lee, 98–99
sobrenatural, definido, 76–77
sobrevivencia, 46–47
Solly (pareja del autor), 127–33
    Disneylandia, guion de, x, 148–51
subconsciente, 171–72
Swayne, Matt, 121–22

Telegram (aplicación), 126–27
teoría del todo, 92
teoría del universo de bloque, 96–98
    teoría del universo de bloque
        creciente, 98
Terrile, Rich, 110
The Miracle Club (Horowitz), xi, 14, 134
tiburón y la estrella, historia del, 9–11
tiempo
    el futuro influye en el pasado, 88–91
    lapsus temporales, 105
    universo de bloque, teoría de,
        97–100
tierra plana, 112–13, 117

Tiffany, *185–89*
    ejemplo de Guion de Imágenes de,
        185–89, *192*
triángulo de Sierpinski, 123–25, *123*
Tyson, Neil deGrasse, sobre la
    simulación, 110

universo holográfico, 136–37
universos paralelos, 83, 117–18, 122

vibraciones, 16
    buenas y malas, 13–14
    creadas por sentimientos, 20
    frecuencia alta y baja, 20–21
vida
    abordar tu propia vida en un
        guion, 62–63
    dificultades en, 78–79
Vinge, Vernor, 118
virus, 163. *Ver* memes
virus mentales, 144. *Ver* memes
Virus of the Mind (Brodie), 144,
    161–62
visión, y construcción del mundo, 113
visualización
    y la escritura de guiones, 2–3, 47–51
    y la manifestación, 46–51
Vonnegut, Kurt, 75

West, Mae, 60
Wheeler, John Archibald, 89–90

yoruba, 139
yo superior, 63